Hamburg op Platt

Mit'n Snack dör de Stadt

Thorsten Börnsen

HAMBURG
op Platt

Mit'n Snack dör de Stadt

BOYENS

ISBN 978-3-8042-1260-2
© 2008 by Boyens Medien GmbH & Co. KG
Alle Rechte vorbehalten
Fachkorrektorat: Dr. Reinhard Goltz
Fotos: Thorsten Börnsen
Titelfoto: Tanja Steinbrück
Zeichnungen und
Umschlaggestaltung: Alexandra Berkel
Gestaltung: Dörte Kromrei
Herstellung: Boyens Buchverlag
Druck: Boyens Offset, Heide
Printed in Germany

Wo wat steiht

Lebe Leser,

dat gifft en ganze Reeg Oorten un Wiesen, wo een en Stadtföhrer bruken kann. Twee dorvun will ik hier genau bekieken: Düt Book is jo ut den platt-düütschen Törn „Up Platt dör de Stadt" in Gang komen. In anner Wöör: dat is en „Footgänger". De eerste Mööglichkeit is also düsse: Du nimmst em in de Hand un treckst dormit los dör Hamborg. Dorför gifft dat twee Törns, de hier verkloort warrt un de du blots achterno lopen müttst. De ene föhrt di vun de Petrikark över den Jungfernstieg, dat Root-huus un Trostbrüch no de Diekstroot hen. De twete is länger, fangt bi de Lannungsbrücken an, geiht in den olen Elvtunnel rin, dör dat „Portugiesenviertel", no den Michel un wieder dör de Spiekerstadt hen no de nee'e Hobencity.

De enkelten Kapitel sünd dorüm ok to düsse Törns tosorteert.

Denn gifft dat noch Institutschonen, de för de Platt-düütschen wichtig sünd, ober an keen vun de Streken liggen doot, as de Universität un de plattdüütsche Bökeree. Dorför warrt denn en Extra-Tour nödig.

En poor Stremels vertellt wat över de Sprook sülbst un ehr Reis dör de Tieden: Plattdüütsch twüschen güstern un hüüt. Un no't Enn to heff ik noch en lütt Wöörbook anbummelt, dat nedderdüütsche un besünners Hamborger Wöör verkloort.

De twete Oort, dat Book to lesen, is as Hamborg-Leesbook. Kannst di dormit ok kommodig op't Sofa setten un en beten in blädern, di de Biller bekieken un vun to Huus ut op Reis gohn. De enkelnen Statschonen sünd denn lütte Kapitel, de, jeedeen för sik, op egen Been stoht. En poor sünd dorüm ok en beten wat länger worrn. Överhaupt hett düsse Stadtföhrer dat villicht nich so hild as annere, blifft af un to en beten länger stohn un vertellt noch en Geschicht mehr. Kloor ok, dat op de anner Siet nich de ganze Binnenstadt rinpasst hett. Ik heff dat utwählt, wat för mi an'n passlichsten weer.

En Henwies noch to de Sprook: Mien Platt is keen Hamborger Platt. Dat is ut Holsteen mit Schleswiger Placken binnen. Man ik heff tosehn, dat ik den Hamborger Klang doch in de Schrievwies rinkrieg.

Veel Spooß

Thorsten Börnsen

DE STADT UN WAT
DOR BINNEN STEEKT

Fix mol 'n poor Tallen

Hamborg is no Berlin de tweetgröttste Stadt in Düütschland. Se liggt bi 110 km wiet weg vun de Nordesee in't Binnenland un is 755,2 km² groot. Meist 10 %, nipp un nau 74,4 km², dorvun is de Hoben. 8,1 % vun't Ganze is Woter, 8 % Natur- un 19,4 % Rebeten ünner Landschaftsschutz.

De höögste Punkt in de Stadt is mit 116 m de „Hasselbrack", de liggt in de Horborger Bargen.

Updeelt is Hamborg in söben Bezirken, de wedder ünnerdeelt sünd in 104 Stadtdelen.

1.75 Mio Minschen leevt hier. Bi 14 % vun de sünd Butenlanners. In teemlich genau de Hälft vun all Huushoolten leevt nich mehr as een Minsch. Lüüd ohn Arbeit gifft dat bi 10 %. Un goot 100.000 Minschen in Hamborg snackt Platt.

Dat ganze Ünnernehm heet op Nedderdüütsch de „Free'e un Hansestadt Hamborg".

De erste Törn

→ Domplatz

→ St. Petri, Bergstraße

→ Jungfernstieg/Alsteranleger

→ Große Bleichen/Ohnsorg-Theater

→ Poststraße

→ Alte Post/Bleichenfleet

→ Rathausmarkt/Alsterarkaden,
   Vierteltreppe

→ Rathausmarkt Mitte

→ Börseninnenhof,
   Gr. Johannisstraße, links
   Börsenbrücke, rechts

→ Trostbrücke/Bei der Alten Börse,
   über die Trostbrücke, Wölberstieg

→ Nikolaikirche, Hopfenmarkt, links über die
   Fußgängerbrücke, Deichstraße

→ Deichstraße/Schwimmponton

DE DOMPLATZ

→ Bergstraße/Ecke Speersort

Hier gifft dat Stadtgeschicht foorts in en poor Logen överenanner. Un en Tofall is dat ok nich, dat wi jüst vun hier losgoht op uns Törn. Denn hier ünner uns Fööt hett allens anfungen, tominnst no dat, wat een vundoog weten deit.

Kickst du op den Parkplatz dool, de noch jümmers Domplatz heten deit, hest du de Weeg vun Hamborg vör di. Op düssen Platz hier, glöövt de Experten, hett de Hammaborg stohn, wenn se ok no bannig veel an Buddeln un Ümplögen nix funnen hebbt, wat tominnst en beten no en Borg utsehen dee. Dat mag ok doran liggen, dat düsse „Hammaborg" en stootschen Noom harr, man egentlich blots en Wall ut Eer ween is, mit en Kark ut Holt binnen un en Dutt vull Hüüs ümto. Dat, wat bi uns vundoog Borg heet un wat in't Wappen vun Hamborg to bekieken is, hett mit düsse Hammaborg nix to doon. So en gewaltig Boowark mit Torns un Tinnen bobenup hett dat üm 830, as dat hier losgüng, noch lang nich geben.

De nächste Loog, de denn dor över weg keem, weer de Mariendom. En mächtige Kark stünn op düssen Platz achter de Pertikark, en vun de gröttsten in Norddüütschland. 1248 hebbt de Hamborgers düssen Dom boot. Mit de Tiet hebbt se jümmers noch

Wo is se afbleben? De Hammaborg op dat Stadtwappen

wat anboot un den Dom grötter mookt. Veel Freid harrn se liekers nich an jümehr grote Kark. De höör jüm nämlich egentlich gor nich to – nee, de stünn op en „exterritoriales" Stück Land. Düsse teemlich vigeliensche Regelung hett bit 1802 gollen, so lang höör de Dom den Kurförst vun Hannober to. As dat vörbi weer, güngen de Hanseoten noch in't sülbige Johr bi un hebbt jümehrn Dom endlich tweikloppt.

Dat hett jüm lang anhungen, dat se so leeg mit em ümsprungen sünd. Op de anner Siet weer de Kark al dormols teemlich schetterig un rünnerkomen, un em wedder op de Been to bringen, dat harr düchtig Geld köst.

Hammaborg ünner de Fööt: Dat Wappen op en Konoldeckel

Vundoog is man blots noch de Johrmarkt op dat Heiligengeistfeld dorvun över, de Dom heten deit. Dat weer jo de Markt, den dat jeedeen Johr to Wiehnachten an'n Dom geben dee. Loter is he denn op den groten free'en Platz no St. Pauli trocken.

De letzte Schicht vör den Parkplatz – de keem 1836. To de Tiet is dat Johanneum, de Gelehrtenschool, de öllste School, de dat in Hamborg geben deit, hierhen trocken. Grünnt harr Johannes Bugenhagen ehr al 1529, de Reformator vun Hamborg. Vun düt Johanneum is ober ok nix mehr vun över, dat Boowark is in den Tweten Weltkrieg toschannen gohn. Vörher al harr de bekannte Hamborger Boomeester Fritz Schumacher en nee'es Schoolhuus boot, dat steiht ok vundoog noch in de Maria-Louisen-Straße in den Stadtdeel Winterhude.

Wenn vun de Hammaborg al nix överbleben is, kann een sik tominnst den Rest vun'n Bischopstorn ankieken. Dat Öllste, wat de Stadt noch vörtowiesen hett, is en Fundament, wat meist 1000 Johren olt is. Wat se bi't Groben hier sünst noch funnen hebbt un de Hammaborg in lütt gifft dat ok noch to sehen.
Bischofsturm, Speersort 10, 20095 Hamburg, Tel. (0 40) 3 27 54 00, Mo–Fr Klock 10–1 un 3–5.

St. Petri

→ Vör de St.-Petri-Kark,
   Westportal an de Bergstraße

Höört nich veel to, in Hamborg en Barg to ween. De Petrikark steiht op so en, den du gor nich markst. Un doch is dat en echten Topp. Denn de Binnenstadt warrt nich höger as so'n poor Meter över NN.

Över den Anfang vun düsse Kark weet wi gor nix. Kloor is, dat se de öllste is vun de Hauptkarken, de fief groten Karken in de Binnenstadt. Historikers meent: al in 11. Johrhunnert hett dor, wo nu de Bargstroot (Bergstraße) is, en Kark stohn. Man vun de is noch nix wedder opdükert.

As 1320 en gotische Kark boot worrn is, weer dat op düssen Placken al de twete, un de hett dor bit to dat Grote Füer vun 1842 stohn.

Lütt, ober hett dat in sik: dat öllste Kunstwark vun de Binnenstadt:

Ut de Tiet üm 1350 is noch de rechte vun de beiden Döörtrecker, en Löwenkopp, de en Ring in't Muul höllt, nobleben. De sitt nu an den Hauptingang un is wohrhaftig dat öllste Kunstwark in de Binnenstadt. Mookt worrn is he noch för de ole Petrikark. Se hebbt em vör dat Füer retten kunnt.

Den Opdrag, de Kark no 1842 wedder optoboen, kreeg de Bomeester Alexis de Chateauneuf. Al no

Dat Grote Füer vun 1842

Den 3. Mai 1842 güng in de Diekstroot, an't Nikolaifleet, dat gröttste Füer los, wat de Stadt bit dorhen beleevt hett. Dat Fröhjohr weer hitt un dröög ween, as dat in de Diekstroot Nr. 42 anfüng to brennen. Noch vundoog heet dat Restaurant, wat in düt Huus sitten deit, „Brandsanfang". Vulle dree Doog brenn de Stadt, jümmers wedder neih de Wind vun Süden düchtig dor rin un bött den Obent eerst richtig an. Denn duer dat to lang, bet dat se Hüüs in de Luft joogt hebbt, üm so en Füergrenz dör de Stadt to trecken. So keem dat, dat mehr as en Drüttel vun dat ole Hamborg doolbrenn. De Reken is denn ok dorno:

Üm un bi 20.000 Minschen seten vun een Dag op den annern op de Stroot, vele blots mit dat beten, wat se slepen kunnen. Meist en Wunner, dat blots 51 Lüüd dootbleven sünd. 1100 Wohnhüüs, 102 Spieker, söben Karken, ok de beiden Hauptkarken St. Nikolai un St. Petri un twee Synagogen weren man blots noch en Hupen Asch. De Wind dreev den Brand jümmers wieder no Norden de Binnenalster langs, wo he kott vör de hüütige Kunsthall opholen warrn kunn. Noch hüüt heet de Stroot „Brandsende" dorno.

De St.-Petri-Kark vun'n Domplatz ut bekeken

fief Johr weer dat Schipp fardig. Mit den Torn leten se sik mehr Tiet. De stünn eerst 1878, as Chateauneuf al lang doot weer. St. Petri, so as se hüüt noch steiht, süht in't Grote un Ganze noch jüst so ut as dat ole Bowark ut dat Middelöller. De mächtige, grote Kark ut brune Backsteen, de so ganz un gor mit ehren Torn tohoopwussen is, sitt op de Bargstroot as op en Thron un kickt över ehr Noberschaft un dat Millionenheer vun Inkoopslüüd in de Binnenstadt weg.

Dat öllste Kunstwark in de Binnenstadt is düsse Löwenkopp an de Petri-Kark

Orntlich utstaffeert is se ok. En ganze Reeg vun grote Kunstwarken koomt ut düsse Kark. Dat wichtigste is wiss de grote Altoor. Meester Bertram hett em 1383 mookt. De 56 anmoolten Holtfiguren, de de Hilligen, Aposteln un Propheten vörstellt, mit de Krüzigung in de Mitt, kregen de Lüüd in't Middelöller man blots an de hogen Fierdoog to sehn, wenn he opklappt worrn is. Hüüt kann man em jeedeen Dag ankieken: he steiht in de Afdelung „Middelöller" vun de Hamborger Kunsthall.

Ok op düssen Torn kann een rupklattern. Informatschonen dorto gifft dat in de Kark.

Mit düssen lütten Riemel verklorn
de Lüüd sik lang Tiet, wo in't ole
Hamborg wokeen henhören dee:
Sankt Petri de Rieken,
Sankt Nikolai desglieken,
Sankt Catharinen de Sturen,
Sankt Jacobi de Buren,
Sankt Michaelis de Armen,
Daröver mag sick
Gott erbarmen.

De Binnenalster

→ Up den Alsteranleger an den Jungfernstieg

Wokeen op den Anleger vun de Binnenalster togang is un sik en beten ümkieken deit, hett de Johrhunnerten vun Hamborg sien Geschicht direkt vör de Ogen. Achter di liggt de Jungfernstieg, de ole Möhlendamm, mit den de Alster al in dat 13. Johrhunnert to en Diek opstaut worrn is. „Reesendamm" heet noch hüüt de Stroot, de an de Lütte Alster langs löppt, no den eersten Möller „Reesen". En Möhlendiek weer dat also toeerst, wo vundoog püke, man ok en lütt beten nehrige (man kunn ok seggen „hanseotische") Hamborger Traditschoons-Ünnernehmen jümehrn Platz funnen hebbt.

As de U-Bohnhoff Jungfernstieg boot worrn is, hebbt Arbeiters en Holtstamm utbuddelt, de mehr as 700 Johr op den Buckel harr. De weer noch ut düssen eersten „Reesendamm". Dekoreert mit en poor junge Froenslüüd ut verscheden Tieden un en Riemel vun Hermann Claudius hebbt se em loter in den U-Bahnhoff Jungfernstieg vun de U1 opstellt, wo du di em vundoog noch bekieken kannst.

Kiekt een liek no vörn, warrt een de ole Wallanloog wies. Beide Kanten langt in de Alster rin un sünd över de Lombardsbrüch verbunnen. 1616 füngen de

Binnenalster mit St. Petri, St. Nikolai un dat Roothuus

Hanseoten an, jümehrn Wall to boen, so as kunnen se den Arger, de vör de Döör stünn, al rüken. Jüst to rechter Tiet vör den Krieg, de 30 Johr duern schull, güng dat los. 1608 hebbt se Jan van Valkenburgh, en hollandschen Boomeester un Experten för Muern un Wallen, anhüert, üm sik en gewaltige Befestigung opstellen to loten. Negen Meter hooch weer dat Wunnerwark, un mit sien 21 Bastionen weer dat dat gröttste in't Düütsche Riek, wat sik de Hamborger dor üm de Stadt leggen deen. Ok wenn se dormit bit 1629 togang un bi to wöhlen un schüffeln weern un dat gewaltige Ünnernehmen en Barg Möhg und

Geld köss – reken dee sik dat doch. Denn dat halbe Riek weer in den dörtigjährigen Krieg doolbrennt un tweihaut, man de Hamborgers seten kommodig un seker achter ehren Wall un moken gote Geschäften.

Hütigendoogs is de Wallring en Strotenring üm de Binnenstadt (Ring 1). Los geiht dat in den Westen bi den Bismarck (→ Bismarck-Dinkmol), nerrn an'n Hoben, de op een vun de olen Bastionen steiht. Dör Planten un Blomen geiht dat wieder, wo man noch Resten vun de Wallgrobens sehen kann, över de Alster no Oosten blangen de Schenen vun den Hauptbohnhoff, de dör den olen Wallgroben wedder dool no de Elv löppt.

Nich jümmers weer de Jungfernstieg en „Loopweg", op den sik elegante junge Dooms en beten de Fööt verpett. Un de Binnenalster weer ok nich dat feinste Basseng vun de Stadt. In fröhere Tieden leep hier ok dat Afwoter ut de ganze Ümgegend merrn in de Alster un statts vörnehme Hotels stünn hier dat ole Gefängnis. Man dat is lang vörbi.

Poor Johrhunnerte loter, an't Enn vun dat 19. Johrhunnert ankomen, kreeg de Binnenalster bilütten dat Gesicht, wat se mehr oder weniger vundoog noch hett. De Boowarken üm de Binnenalster mit jümehr söben, acht Etooschen, grönen Kopperdäcker, wo keen Reklame op to finnen is, geevt düssen propperkommodigen Lütt-See sien Utsehen.

Links, groot un witt mit de gröne „Koppermütz" bobenup, steiht dat Hotel „Vierjahreszeiten". 1904 as stootsch Luxushotel grünnt, hett dat över Johren för dat beste in de Welt gollen. Willem II. un Liz Taylor sünd dor ünnerkomen, üm man blots twee vun en ganze Reeg Prominenz to nömen. För dat Café nerrn mutt een keen Kaiser oder Filmstar ween. Dor kann jeedeen rin, ok de, de nich so veel anleggen will. För teemlich normale Priesen kann een sik bi en Tass Kaffe en beten in de hunnert Johr Hotelgeschicht(en) ümkieken.

En anner Vertreter sitt glieks gegenöver. En Johr vör dat Hotel hett op de rechte Kant vun de Alster de HAPAG ehr Huus hensett, Kopp un Verwaltung vun de Reederee, de to de Tiet de wichtigste un gröttste in't Düütsche Riek weer. Un bit 1914 harr de HAPAG dat sogar bit to de gröttste in de Welt bröcht. De kotte Version vun „Hamburg-Ameri-kanische-Packetfahrt-Actien-Gesellschaft" hett in'n Volksmund bald heten: „Haben alle Passagiere auch Geld?" Denn de HAPAG weer düchtig achter de Gruschens ran. So hebbt se eerst mol faststellt, wat ok all betohlen kunnen.

Ehrdat de Erste Weltkrieg anfüng, neihen 174 Scheep op 74 Linien för dat Hamborger Ünnernehmen üm de ganze Welt. Eng mit den grootoortigen Opstieg vun de HAPAG hangt de Noom „Albert Bal-lin" tosomen, de siet 1899 ehr Direkter weer. Ballin, en Hamborger Juud, wo se to Huus nich veel in de Melk to krömen harrn, arbeit sik suutje, Pedd bi Pedd

Dat Hotel Vierjahreszeiten över de Binnenalster bekeken

över dat Schippsgeschäft mit de Utwannerers no boben, 1899 is he denn Generoldirekter vun de HAPAG worrn. In düsse Tieden hören de wichtigsten düütschen un engelschen Geschäftslüüd to sien Frünnen un ok de Kaiser keek op Besöök jümmer mol wedder in sien groot Huus dicht bi de Alster vörbi. De Mann weer vun meist nix to een vun de groten Köpp in sien Tiet worrn. 1918 weer nich blots de Krieg verloren, ok de HAPAG weer toschannen gohn. En groot Deel vun jümehr Scheep leeg op den Grund vun de See. Ballin harr sien Lebenswark verloren. He kunn dor nich överhen komen un nehm sik in sien Villa in de Feldbrunnenstroot dat Leben.

An den Alsteranlegger goht ok de Törns över de Binnenalster un de Kanools los.

De Alsterpavillon

→ Vör den Alsterpavillon, Jungfernstieg 54

De nich blots Kaffe drinken, man dorbi ok noch besichtigt warrn will, sitt in'n Alsterpavillon genau richtig.

De liggt dorför perfekt: direkt an de Binnenalster, an'n Jungfernstieg, den groten Loopstieg vun de Stadt, gifft dat düt „gastronomische Dinkmol" al över 200 Johr. Dat Boowark, wat hüüt dor steiht, is vun 1953 un „dat schöönste Lokool in Düütschland", dat meen tominnst Max Brauer, de dormols Börger-meister weer in Hamborg.

So recht verstohn kann een dat natürlich nich mehr, wenn een hüüt vör den Flachdackboo steiht – allens en beten nüchtern un eenfach. Ober dor-mols, wo noch överall de Trümmer ut den Tweten Weltkrieg legen un dat an vele Steden in Hamborg eher utseeg as en Mondlandschaft as en moderne Grootstadt; wo vele Stadtdele heel un deel toschan-nen weern, dor weer dat wat anneres. As nu mit een Mool düt moderne, helle Café jüst as en lütt Smuck-stück an de Alster liggen dee, weern de Hamborgers Füer un Flamm.

Siet de Alsterpavillon grünnt worrn is, sünd hier ganz verscheden Oorten Kundschaft tohoop komen. Hier seet al de Dichter Heinrich Heine mang de Pe-

In'n Alsterpavillon verpusten sik feine Dooms jüst so as Quiddjes

persäck (→ Pepersack). Un noch in dat düüsterste Kapitel vun de Stadtgeschicht, in't Drütte Riek, geev dat nich blots een Slag Besöker. Wo över Dag de rieken Hamborgers un ok de Nazis jümehrn Kaffe drinken deen, dor drepen sik an'n Obend junge Lüüd, üm to Swing- un Jazzmusik to danzen – wat to de Tiet verboden weer. En Tietlang hebbt se den Alsterpavillon sogoor al an'n Namiddag dicht mookt – de Lüüd weern bang vör düsse „brandgefährliche" Nachtmusik. För de Dänzers kunn dat ober ok in't Oog gohn. Vele hebbt se fastnohmen. De kemen denn to Verhör, welk seten an't Enn sogoor in't Gefängnis oder KZ.

Hüüt geiht dat sinnig to, mang öllere Dooms, Touristen un Spazeergänger sitt een nu bi Kaffe un

Koken, kickt op dat Woter un allens is en beten lütter as an'n Hoben, de See, de Scheep, jo sogoor de Kopteins.

Över der Stroot geiht dat wieder. Toeerst hebbt wi op de rechte Siet den Hamborger Hoff (Jungfernstieg 30), in fröhere Tieden höör he mit to de besten Hotels in Hamborg. Anfang vun de 1980er Johren hebbt se hier ok Passagen to'n Inköpen rinsett.

Op de anner Kant steiht dat Huus vun de Dresdener Bank (Jungfernstieg 22), hier hett de Hamborger Dichter Matthias Claudius wohnt, un hier is he 1815 ok storben. In de smucke Deel lohnt sik dat, gau mol den Kopp rintosteken.

Nu ober rin in de „Großen Bleichen" un no dat Ohnsorg-Theoter (Große Bleichen 23–25).

DAT OHNSORG-THEOTER

→ Große Bleichen 23–25

De Anfang vun dat Theoter, dat de Lüüd in ganz Düütschland kennen doot, weer man lütt. Eerstmol weer dat Ohnsorg-Theoter blots en Kring vun Laienschauspelers üm Richard Ohnsorg ohn Dack över den Kopp. Se hebbt sik in verscheden Theoters vun de Stadt as Besökers inloscheert, to'n Bispill in't Thalia, üm dor jümehr Stücke to spelen.

1922, as se in't Wandsbeker Stadttheoter trocken sünd, kreeg de „Niederdeutsche Bühne Hamburg" wo se to de Tiet heten dee, dat eerste faste Huus. Dat leeg nu ober wiet af vun'n Schuss – dormols höör Wandsbek noch nich mol to Hamborg to. Eerst 1936 kunnen se in dat Huus in de Großen Bleichen trecken, wo se noch vundoog sünd.

De grote Tiet keem mit de 1960er Johren, as de Düütschen bilütten Fernsehkiekers worrn sünd – un Ohnsorg-Fans. Vörweg Heidi Kabel un Henry Vahl weern dat Ohnsorg-Droompoor, se hebbt dat schafft, dat lütte Theoter mit sien eben mol 389 Plätz in ganz Düütschland bekannt to moken. Henry Vahl weer egentlich blots en Uthölpsmann, de gor nich to de reguläre Theoter-Trupp tohören dee. Dat weer en Tofall, dat he för en kranken Kolleeg insprungen is. Loter is ut düssen „Inspringer"

Dat Ohnsorg-Theoter in de Großen Bleichen

de „Fernseh-Opa" vun Düütschland worrn, as Heidi Kabel em döfft hett.

Vahl hett ut das Ohnsorg-Theoter ok en beten en Improvisatschoons-Theoter mookt. He leet sik bi't Spelen nee'e Snacks un Gags infallen, de in dat Stück bit dorhen noch nich opdükert weern un op de sik de annern denn op Slag instellen müssen. Dat sorg bi't Publikum un bi Kollegen för bannig Stimmung. Männichmol müssen de annern Schauspelers böös oppassen, dat se nich merrn in't Stück anfungen, över siene Snurren un Grappen to lachen, vertellt Heidi Kabel. Un ok düsse lütt Geschicht is vun ehr: De letzte grote Rull harr Henry Vahl mit 77 Johr, un dat nich bi Ohnsorg, nee: an't St. Pauli-Theoter. Hier speel he de Zitronenjette un kreeg dat togang, dat de Lüüd dat Woter in de Ogen steeg, wenn se Jette an't Enn vun't Leed mit Gewalt no de Irrenanstalt afholt hebbt (→ Zitronenjette). He kunn ober den Text nich mehr so goot butenkopps lehren, dorüm kreeg he en Knoop in't Ohr, dör dat se em achter de Kulissen över Funk sien Part dörseggen kunnen. Nu kunn he op los danzen un singen un müss sik nich mit sien Text afplacken. Man ok de moderne Technik harr ehr Nücken: Mit eens höör he man blots noch en poor Mool „Peter drei, bitte kommen", wat em toeerst natürlich osig verbiestert hett. Denn reep he in de Dekoratschoon: „Peter drei, nun komm doch endlich!" Un eerst dor hebbt se achter de Bühn klook kregen, dat he woll de verkehrte Frequenz foot harr un Vahl dorüm den Polizeifunk vun blangenan, ut de Davidswach, afhören dee.

In de 1960er Johren kemen de Lüüd nu vun överall in't Land no Hamborg. Se wullen sik de Stücken, de se ut dat Fernsehen kennen deen, ankieken. De meisten hebbt sik dorbi düchtig verfehrt. Wat de Schauspelers in't Fernsehn snacken, dat weer jo Missingsch, düchtig infarvt no Hamborger Oort, ober jümmers noch för jeden Nich-Plattdüütschen goot to verstohn. Man hier snacken se nu mit mol Nedderdüütsch un dorvun hebbt besünners de Besöker ut'n Süden nich mehr veel mitkregen.

Bi dat Ohnsorg-Theoter is dat männichmol no boben un no ünnen gohn, un jümmers hett sik dorbi wat verännert.

Vundoog gifft dat nich blots de „Klassikers", also de Stücken, wo een sik högen kann, un denn de twee, dree eernsthaftigen, de jeedeen Speeltiet mit in't Programm hören doot. Dat Theoter is ok op nee'e Weeg ünnerwegens. Bannig goot ankomen deit dat plattdüütsche Rock-Musical „Wi rockt op Platt". Dat Stück bringt en ganzen Buernhoff op de Bühn, lett Köh, Swien un Peer danzen un singen. Wat de Schauspelers ünner jümehr Veh-Kledoosch böös to'n Sweten bringt, dat is för de Tokiekers en düchtigen Spooß. Keen anner Stück hett so veel Toloop. Un bi de 160.000 Lüüd, de jeedeen Johr dat Theoter besöökt, kiekt sik ok welk düt Musikspektokel üm Leev und Leed op't Land twee- oder dreemol an.

Af un to mol op den Speelploon kieken, verlohnt sik also, is jümmers mol wat mit bi, wo een nich mit rekent hett.

Ohnsorg-Theater
Große Bleichen 23–25
20354 Hamburg
Tel.: (0 40) 3 50 80 30
www.ohnsorg.de

DE OLE POST

→ Poststraße, vör den Torn

De ole Post an de Poststroot weer 1847 trecht. Se höört to de Boowarken, de glieks no dat Grote Füer vun 1842 nee opboot worrn sünd.

Mit ehren hogen un slanken Torn is se sachs dat egenordigste Boowark hier in de Gegend. Wenn een üm de Eck kümmt, dükert mit mool dor mang all de Inköpers, de dat in dat Hamborger Smuddelwedder hild hebbt, meist en wohrhaftig Stück Italien op. Direkt an'n Fleet liggt dat, un dat lett reinweg romantisch. Man woans kümmt dat hierhen?

De Architekt, Alexis de Chateauneuf, de vörher ok al de Alsterarkaden ploont un opsett harr, weer en groten Fründ vun de italieensche Bookunst. För em weer dat kloor, dat he ok düt Huus jüst in düsse Wies boen müss. Man blots mit en lütt beten Romantik harr sik dat nich. In en Koopmannsstadt schall dat nich blots püük utsehen – nee, dat schall ok allens Hand un Foot hebben. Dorüm is de Torn ok nich blots Dekoratschoon – nee, he is de Endstatschoon vun en ganze Reeg vun „Zeigertelegraphen", de bit no de Mündung vun de Elv recken deen. Mit dat Opsetten vun besünnere Teken un Schiller kunnen Norichten in korte Tiet de ganze Elv rup un dool schickt warrn. So wuss de Hannelsmann rechtiedig

De ole Post mit ehren hogen un slanken Torn, utföhrt na de italieensche Bookunst

De ole Post: Italieenscher Placken in de Binnenstadt

Bescheed, wenn een vun siene Scheep in Cuxhoben op Sicht keem. Denn kunn he sien Kaffe al an de Börs verköpen, twee Doog, ehrdat de Lodung överhaupt in'n Hoben weer.

De ole Post is de öllste Inkoops-Passage in de Binnenstadt. Al twüschen 1968 un 71 hebbt se hier en nee Bürohuus un en Passage mit Geschäften för Kledoosch, Antiquitäten un Kunst inricht.

DE ALSTERARKADEN

→ Roothuusmarkt, Veerdeltrepp no de Lütte Alster

Wenn de Post sowat as Italieensch för Instiegers is, denn geiht dat bi de Alsterarkaden erst richtig los. Kickt een vun den Roothuusmarkt över de Lütte Alster un den Reesendamm över de Binnenalster, denn kümmt dor al so'n Geföhl op, as stünn een in de Mitt vun Venedig op den Markusplatz. Mit sien vörnehmen Arkadenweg, de sik in't Woter spegelt, un de witten Hüüs dor achter, mit de Treppen, de no't Woter dool loopt, denn warrt een wies, wat de Boodirekter Fritz Schumacher meent hett, as he so begeistert vun dat „Kunstwerk Hamburg" snacken dee. Meist keen anner Stück Land in de Binnenstadt gifft Hamborg sien ganz egen Utsehen so as düsse Gang mit siene Pielers un Terrassen.

Man licht harr Chateauneuf, he weer ok hier de Boomeester, dat an'n Anfang nich. To veel Lüüd in de Stadt weern mit siene Ploons nich inverstohn – vunwegen dat Geld. De Senoot weer böös achter de Gruschens ran un pass düchtig op, dat sik Lüüd finnen deen, de dat Ünnernehmen betohlen kunnen. Denn dor weern se an'n mehrsten bang vör: dat se sülbst op de hogen Kosten sitten blieven schullen, de bi so'n Boowark tohoopkomen wörrn. Un so recht kunn sik de dormolige Senootssyndicus Banks

En feinen Footstieg mit'n Dack boben op: de Alsterarkaden

dat nich vörstellen, dat sik för „so kostbare Bauten Liebhaber finden werden". De müssen denn nämlich nich blots de Hüüs – nee, ok den Kai un de Arkaden boen un „eine sehr wertvolle Facade erstellen, zu der ein Wagen nicht kommen kann".

Nee, Peerd un Wogen kunnst du di dor nich vör de Döör stellen, man Recht harr Herr Banks liekers nich. So pennknieperig weern de rieken Hamborgers an't Enn denn doch nich. Wohrhaftig funnen sik „Leevhebber", de för so en smuck Huus an de Lütte Alster mit Terrass in't twete Stock un süüdlandsch Lebensgeföhl düchtig in de Tasch langen deen.

Dat Roothuus vun de Alsterarkaden ut bekeken

Över de Johren hebbt de Alsterarkaden orntlig wat mitmookt. Noch vör hunnert Johr weer an un op dat Boowark allens mit Rekloom vullproppt. Dat hebbt se eerst 1924 verboden.

Un dat letzte grote Malöör is noch nich lang her: In de Silvesternacht 1989 worrn twee vun de Hüüs ansteken un sünd doolbrennt. De hebbt se achteran mit veel Möhg wedder jüst so opboot, as se vörher dor stahn harrn.

Un ok dat noch: düsse bekannteste „Footstieg mit Dack" vun Hamborg weer to keen Tiet so witt as vundoog. Fröher weern Hüüs un Pielers ok in ünner-schedliche Klören anmoolt, to'n Bispill in Ocker.

Nich wiet weg vun hier, en beten versteken in de Roothuusstroot, liggt dat Café Paris. Hier kann een in en ganz anner Welt indükern. Dat Binnenleben is ut de Johrhunnert-wenn. Lampen, Spegel un sogor de Kellners hebbt dorbi ok noch fran-zööschen Schick.
Café Paris
Rathausstraße 4
20095 Hamburg
Tel. (0 40) 32 52 77 77

DAT ROOTHUUS

→ Roothuusmarkt, Mitt

De beste Platz to'n Kieken is hier in de Mitt vun't Roothuusmarkt. Bi Regen kann een sik ober ok ganz goot ünner de Glasdäcker genau gegenöver vun't Roothuus verkrupen.

Dormit, dat se meist 60 Johr op en nee Roothuus töben müssen, harrn de Hamborgers sachs ok nich rekent, as dat ole bi dat Grote Füer vun 1842 wegkomen is. In de Tiet dortwüschen kemen Senoot un Börgerschaft in dat Huus vun de Patriotische Gesellschaft tohoop.

Lange Tiet kunnen se sik üm en Neeboo nich enig warrn, un so hebbt se sik in de Hoor legen, bit 1880 en Ploon op den Disch keen, mit den endlich all tofreden weern. Den Toslag kreeg en Kring vun Architekten üm Martin Haller mit jümehr Idee för en gewaltig Boowark mit 647 Komern no norddüütsche Oort in den „Neorenaissancestil". De Torn, de mit sien 113 Meter jüst so hooch is as dat ganze Boowark lang, steiht genau in de Mitt un hölt de Börgerschaft op de linke Siet un de Senoot op de rechte uteneen.

Man eerstmool kemen technische Probleme op de Boomesters to. De Booplatz an de Alster, den se sik utkeken harrn, wo in't Mittelöller dat Johannis-

Dat ganze Boowark steiht op 4000 Holtpöhl

kloster stohn harr, weer weken Maschbodden. Dat hier överhaupt boot warrn kunn, dorför müssen se toeerst mehr as 4000 eken Pöhl in de Eer groben, wenn nich de ganze Herrlichkeit sutje na ünnen weg in de Wisch utkniepen schull. Nu eerst kunnen se sik üm den Opboo kümmern. 1897, no 11 Johr Bootiet, weer dat endlich so wiet: Stadtregerung un Parlament kunnen intrecken.

Vergliekt een dat Roothuus mit sien eher slichte Noberschaft, kümmt een dat so vör, as harr dor en Riesen sien Huus eenfach midden in de Stadt henstellt. Mit düt grootortig Boowark wullen de Hamborgers den Rest vun Düütschland un an mehrsten noch sik sülbst verkloren, dat se noch jümmers riek, stolt un unafhängig weern. Kaiser un Riek hen oder her, se harrn noch wat to mellen, de Hamborger Börgers, de sik hier jümehr egen Palast boot harrn, ok wenn dat lang nich mehr so stootsch weer as fröher. De Butenkant wies denn ok den Tosamenhang twüschen Hamborg un dat Düütsche Riek.

Dat 19. Johrhunnert weer nich jüst knapp an Symbolen un Teken. Ganz allgemeen hebbt sik de Hamborgs dormit ober torüchholen. As harrn se sik dat opspoort, üm bi dat Roothuus richtig totolangen, kunn man menen. Vör allen in de eerste Etoosch is düchtig wat los. Ut jede Eck kiekt Kaiser, Wappenschiller un Handwarkerfiguren rut. Üm dor so'n beten Schick rin to kriegen, fangt wi mit de olen Kaiser an: De stoht twüschen de Finster in de eerste

Etoosch. Un de besünners wichtig weer, den hebbt se ok besünners groot mookt. En schöön Bispill dorför sünd de beiden Kaiserfiguren in Övergröttde, de sik in de Mitt över den Ingang wiest. Op de linke Kant

Flietige Lüüd an de Roothuusbutenkant: Handwarker över de Finster

steiht Karl de Grote, de in't 9. Johrhunnert de Stadt, genauer weer dat dormols jo noch de Hammaborg, grünnt hett. Sien Nober op de rechte Siet is jüst so stootsch: Friedrich Barbarossa. He gull lange Tiet as de Grünner vun den Hoben, bit se rutfunnen hebbt, dat de Grünnungsurkunn, se liggt in't Stootsarchiv un betüügt den Hobengeburtsdag för das Johr 1189, dat de woll doch nich ganz astrein is. Man dat is en annere Geschicht un mehr dorvun gifft dat bi de Trostbrüch to hören (→ Dat ole Hart vun de Stadt).

Över de Finster finnt wi de Wappenschiller vun de düütschen Hansestädter un ok hier gellt wedder: grötter is wichtiger. Tominnst unafhängiger as de annern weern ganz links Lübeck mit sien Duppel-Odler un ganz rechts Bremen, för dat de Slötel steiht. Düsse beiden Hansestädter hebbt tosamen mit Hamborg jümehr Freeheit bit to't Enn vun dat Kaiserriek wohrt. Mang de velen annern Städter in normole Grötte gifft dat de een oder anner Överraschung: so as dat drütte Wappen vun den Torn ut op de rechte Siet, de lütte swatte Boor för Berlin, dat weer, wat kuum noch een weten deit, ok mol en Hansestadt. Hooch över den Ingang sitt dat Hamborger Wappen: de witte Borg op roden Grund, de Hammaborg.

Dor ünner steiht in gullen Bookstoben op Latiensch: „De Freeheit, de uns Vörfohren tostann bröcht hebbt, lohnt sik för de to erholen, de nokoomt." Meent is de Sülbststännigkeit un Freeheit as

Stadtrepublik mit en egen Politik no buten, en extro Währung un dat een sik nich to dull scheren müss üm den Kaiser, de ganz fröher jo noch wiet weg in Wien sitten dee.

Binnen: Kümmt een dör den Ingang in de Deel mit ehr Sülen, Bogen un anmoolte Finster, kümmt se een meist vör as en Kark, en hilligen Ruum. So schall dat ok ween, denn nu steiht de Besöker in dat Hart vun den Stadtstoot. No de Sieden goht de beiden Komern af. Rechterhand betekent de twee Löwen, dat Hamborger Wappendeert, den Opgang to den Senoot, wo regeert warrt. Gegenöver föhrt de deelte Trepp tohööcht no de Börgerschaft, dat Stadtparlament. En ganze Reeg Komern un stootsche Stuben kann een sik bi en Föhrung dör dat Roothuus, de mol üm mol stattfinnen deit, bekieken. Vun den gewaltigen, utmoolten Festsool bit to den lütten runnen Tornsool mit siene Sülen ut Marmor un schöne Biller vun de olen Stadtrepubliken Athen, Rom un Venedig.

Törns dör dat Roothuus warrt twüschen düsse Klockentieden all halbe Stünn anboden:
Moondag bit Dünnersdag Klock 10–3, Freedag 10–1,
Sünnobend 10–5, Sünndag 10–4.
Roothuusföhrungen op Plattdüütsch mööt ploont warrn
(Kiek ok bi de → Adressen no).

boben: Orntlich wat los op de Butenkant vun't Roothuus:
Kaiser, Biller un Wappen
ünnen: De Snack över den Ingang is ut Guld un op
Latiensch

DE BÖRS

→ Börsenbinnenhoff

(Wenn de Dören open sünd, goht Se in den Binnen-
hoff vun de Börs rin un stellt se sik blangen den Soot
mit den Rüch no dat Roothuus. Nu kiekt Se op de
Börs.)

„Goldfasan", „Knieptang", „Pennschieter" un na-
türlich de wiet bekannte „Pepersack", för kene Be-
rufgrupp in de Stadt hett dat so vele Ökelnomen ge-
ben as för den rieken Koopmann. Un nich all weern
se fründlich: Den Kopp mit Rekens vull, in't Hart
man blots Kaffe- un Kakaopriesen, scheer he sik üm
nix anners as üm sien Geschäft. So seeg he ut, de
Pepersack in Reinkultur. An keen Placken in de Stadt
dröppst du em so seker as in de Börs, un de liggt
achter dat Roothuus oder is dat jüst annersrüm? In
Hamborg weet een dat nich so genau. Tominnst en
goot Enn öller is de Börs, un al an den Anfang geev
dat teemlich veel Hüün un Perdüün. 1842, frisch op-
boot un in Gang komen, weer se dat sülbe Johr bi
den Groten Brand al meist wedder doolbrennt. Dat
Boowark is en vun de ganz wenigen, de dat grote
Füer överleevt hebbt un vundoog noch stoht. Ene
ole Geschicht vertellt, woans en Handvull Pepersäck
mit veel Kroosch, blanke Hannen un wenig Woter
düt Huus jümmers wedder natt mookt hebbt. So

De Börsenbinnenhoff

hebbt se de Börs knapp vör dat Füer retten kunnt. Mag ween, dat is Spökenkroom – wohr is, dat se dat ole Roothuus an de Troostbrüch ok dorüm in de Luft joogt hebbt, dat dat Füer nich no de nee'e Börs, de jo dor achter leeg, utlangen kunn. Wohr is ok, dat de Hamborgers meist 60 Johr ohn Roothuus, man keen Dag ohn Börs utkomen sünd. Un dat kann doch keen Tofall ween!

Worüm dat so weer? Mehr noch as in't Roothuus hett in de Börs lange Tiet dat Hart vun de Koopmannsrepublik sloon. Hier drepen sik de Kooplüüd, hier hebbt se de Priesen för Kaneel (Zimt), Tee,

Kakao mookt un ganz blangenbi ok noch Politik för de Stadt. So sünd se, wenn de Börs to Enn weer, ganz kommodig över den Binnenhoff slarpt un hebbt no Fierobend in't Roothuus en beten de Stadt regeert.

In de Börs kemen ganze Schippslodungen ünner den Homer, hier lepen Woren un Neeigkeiten ut all Länner tosomen. Wenn een över den Börsenbinnenhof kickt, warrt een dat kloor: rundrüm is de halve Welt versammelt. Wappenschiller vun de wichtigsten Hannelsstädter op de Eer sünd ünner de Sülen in de eerste Etoosch in Steen haut. Hamborg, so schüllt wi dat wies warrn, hangt mit de ganze Welt tosomen. Un dormit dat ok würklich jedeen

Bi't Geldtellen: De Pepersack an de Börs

50

Enmol üm de ganze Welt: Wappen an de Börs

klook kriggt, stoht över de veer groten Finster in de Mitt de Nomen vun de Kontinenten schreben, mit de Hamborg Hannel drieben dee. All stoht se dor, bit op Europa – denn dat verstünn sik jo vun sülbst. Un woso schull een ok groot vun Europa snacken, wenn een sounso al in Hamborg weer? „Mein Feld ist die Welt!", reep Albert Ballin, de Grünner vun de Hapag Lloyd, un he meen dat jüst so. Mit lütten Pütjerkroom hebbt sik de groten Reeders un Kooplüüd gor nich eerst afgeben.

Vundoog is dat sinniger worrn üm de öllste Börs in Nordeuropa, de groten Geschäften warrt al lang in Frankfurt mookt, un de Stadt hett en vun ehr

schöönsten Plätzen to'n Bummeln, Bekieken un Ver-
puusten för Besöker open mookt.

De Sood in de Mitt hett en egen Bedüden. Boben
op steiht Hygieia, de Göttin vun de Reinlichkeit. Bi
ehr löppt dat Woter ut en Schöttel dool, de se in ehr
Hand hölt. Frisch, rein Woter. Kiekt een denn noch
nipp un nau hen, warrt een ok den lütten Droken
wies, de an ehr Been hochkrupen deit. De steiht för
de Cholera, de sik över dat schietige Woter utbreden
deit. Wenn de Lüüd den Sood seht, schüllt se sik be-
sinnen op de grote Cholera-Süük, de 1892 utbroken
is un de mehr as 8000 Minschen dat Leben köst hett.

Hölpt dinken an de Cholera-Süük vun 1892: Hygieia-Sood

Üm ehr rüm sitt Figuren, de wiest, wat een mit rein Woter allens opstellen kann: Fisch ruttrecken, sik in spegeln, paddeln. Man dat reckt noch nich ganz. Denn allens mütt en praktischen Weert hebben. Dat gellt jüst so för de Post as för den Sood, de nich blots goot utsüht – nee, he is blangenbi ok noch dat Lock, dör dat de Klima-Anloog Frischluft för dat Roothuus ansugen deit.

Wieder dör den Dörgang no de Große Johannis-straße, links in de Börsenbrücke, denn glieks wedder rechts in de Trostbrücke rin.

Veel gifft dat jo sowieso nich üm-sünst un in Hamborg al gor nich. En Utnohm vun düsse Regel is dat Tollmuseum. Hier kann een sik de ganz frische Utstellung mit Kneep un Dreihs bi't Smuggeln bekieken, un dat för nix. To finnen in Törn twee.
Deutsches Zollmuseum
Alter Wandrahm 16
20457 Hamburg
Telefon: 0 40/30 08 76 11

Dat ole Hart vun de Stadt

→ Trostbrücke/Bei der Alten Börse

Wenn du di vundoog an't Gelänner blangen dat Ni-
kolaifleet stellst un en beten ümkieken deist, kriggst
du woll nich so gau kloor, dat du in dat ole Stadt-
zentrum vun Hamborg steihst. Wo nu dat gewaltige
rot-brune Boowark vun de Patriotsche Gesellschaft
steiht, stünn in fröhere Tiet dat ole Roothuus. Nich
jüst en Smuckstück mit all de Dele, de se dor in de
Johrhunnerten üm- un anboot harrn. Dat pass nich
recht tohoop un sehg ok wat tosomenschoostert ut,
man dat weer doch dat Hart vun de Stadt. As 1842
dat grote Füer vun Süden jümmers dichter ran keem,
hebbt se dat Roothuus in de Luft joogt, üm tominnst
den Deel vun de Binnenstadt un de nee'e Börs to ret-
ten, de achterto leeg. Man dat weer to loot. Dat Füer
jump doröver weg un freet sik noch bit no de lütte
Stroot, de dorüm „Brandsende" heet, se liggt knapp
vör de Kunsthall, glieks bi den Hauptbohnhoff.

Hier stünnen in't 13. un 14. Johrhunnert de Kroon
un de Woog, un loterhen keem ok de ole Börs dorto,
de se 1558 as eerste in Nordeuropa grünnt hebbt.

Hier, wo vundoog meist keen Minsch mehr langs
kümmt, weer de quicklebennige Mitt vun Hamborg.
Un dat Wichtigste vun allens liggt di akroot vör de
Fööt. Meist dör dat ganze Middelöller hendör weer

Böös lütt: de Hamborger Hoben in't Middelöller

Groof ut Steen, Adolf III.
vun Schauenborg

De hillige Ansgar op de
Trostbrüch

dat de Hamborger Hoben. De leeg dormols noch nich an de Elv, dat keem erst loter. In de Hansetiet lang düsse Alsterhoben noch. All söss Stünn legen Hoben un Scheep eerstmol för en Tietlang dröög, denn in dat Nikolaifleet steiht Ebb un Floot, un de Lüüd müssen op Woter töben, eerst denn kunn dat bilütten wiedergohn. In düssen Punkt leep de Tiet dormols sinniger.

Allens dat is verswunnen, man blots de twee roden Steenfiguren, de op de Trostbrüch stoht, hölpt noch mit, dat wi uns hier op de groten Tieden vun düssen Placken besinnen köönt. De ene is de hillige Ansgar. Em hebbt se vör meist 1200 Johr as „Apostel vun'n Norden" no hier schickt – he schull ut de eersten Hamborgers Christen moken. Dat dat keen kommodig Ünnernehmen weer, hett he 845 klook kregen. Dor sünd de Winkingers hier infullen un hebbt de Hammaborg mit Huus un Hoff doolbrennt. Meist harrn se Ansgar ok sülbst noch bi de Büx kregen, man mit knappe Noot kunn he no Bremen utkniepen, wo dat jümmers al en beten ruhiger togüng.

De Figur, de güntsiet vun em steiht, is Adolf III. Groof vun Schauenborg. 1188 grünn he mit 50 Kooplüüd, de op de anner Siet vun dat Fleet jümehr Hüüs un en Hoben anleggt harrn, de Neestadt. De Groof weer jüst de Stadt Lübeck los worrn, de he man eerst grünnt harr. Heinrich de Lööw harr se em afjoogt, un dat weer en bösen Slag ween, denn de Stadt an de

Trave hett sik in de Johren dorno düchtig rutmookt. Se is grötter worrn un vör allen: bannig riek.

Hamborg schull nu ok so en „Erfolgsstory" warrn, dorüm kregen düsse nee'en Hamborgers en ganzen Barg Freeheiten: Tollfreeheit in Schauenborg, Sülbststännigkeit, dat Recht Johr- un Wochenmarkt aftoholen. Dat wichtigste ober weer, dat he toseggt hett, he wull mit Kaiser Barbarossa snacken, dat de Kooplüüd op de Elv vun Hamborg bit no de Nordsee hen kene Stüern betohlen müssen. Wat dorbi rutkomen is, dat steiht opschreben in den Freebreef vun 1189, in den de Kaiser düsse Rechten för de Neestadt bestimmt hett. Wenn een de Sook genau bekieken deit, denn hett Friedrich Barbarossa düsse Urkunn nienich ünner de Ogen kregen – nee, de Hamborgers hebbt ehr eenfach sülbst mookt. Dat düch se beter, as dor lang op to töben. Kunn man denn weten, wo lang dat duert, bit so'n Kaiser mol dorto keem, so'n Urkunn to schicken? Noch dorto, wo he ümmerto ünnerwegens weer, sogoor bit no Jerusalem hen.

Wo dat Originool afbleben is, wat dat överhaupt mol een geben hett, dat weet nüms. Ober noch vundoog fiert de Hamborgers jümehr sülbstmookte „Geburtsurkunn" vun jümehrn Hoben jedes Johr an dat tweten Mai-Wekenenn as Hobengeburtsdag.

Den öllsten Hoben in Hamborg hett dat woll an den Olen Fischmarkt geben, ünner de Petrikark un den Domplatz. Dor, woneem de Historikers glöövt, dat de Hammaborg dor stohn hett. Man dor is nix vun överbleven. Dat „Reichenstraßenfleet", wo he an legen hett, hebbt se al in't 19. Johrhunnert toschütt.

Wenn du vun hier ut en beten wieder no boben kickst, mookst du en groten Jump dör de Tieden. Gegenöver, op de anner Fleetsiet, stoht twee gewaltige Kontorhüüs ut de vörletzte Johrhunnertwenn.

Dat eerste, de Laeiszhoff, is 1897/98 vun en Krink vun Boomeisters üm den Börgermeistersöhn Martin Haller boot worrn, de kort vörher noch dat Roothuus ploot un opsett harrn. De wiesen in düsse Tiet, wo dat langs güng mit de Bookunst in Hamborg. De Butenkant schull sik inpassen in de Noberschaft vun de olen Backsteen-Spieker un -Logerhüüs, de bit to den Tweten Weltkrieg noch blangen dat Fleet stohn hebbt.

Up den Gebel twüschen de beiden lütten Torns op dat Dack sitt en Pudel. He is dat Maskottchen vun de Reederie Laeisz, de dor binnen to Huus is. Worüm düsse Hund dat an de Spitz vun een vun de gröttsten Ünnernehmen in Hamborg bröcht hett, is eenfach un en beten wunnerlich to vertellen: De Grünner Ferdinand Laeisz hett to sien Swiegerdochter Sophie (1838–1912) wegen ehre krusen Hoor „Pudelchen" seggt. Man de Geschicht geiht noch wieder, denn vun dat „P" in Pudel hebbt ok de „Flying-P-Liners" jümmehr Noom weg. Pamir, Passat, Preussen heet nämlich all no Pudel – de jo mit en „P" anfangt. Un op den hütigen Dag fangt all Laeisz-Scheep mit en „P" an.

Noch en lütten Henwies: Wenn Se ünner de Week över Dag hier sünd, steekt Se doch mol de Nees in dat Treppenhuus rin. De Volkmund seggt ok „Prolettenbagger" dorto. Mit siene hellen Treppenopgäng, Deckenfinster un Paternoster höört dat to de schöönsten, de dat in de ganze Stadt geben deit.

Up de anner Siet steiht de Globushoff. Hier süht nu allens no Barock un Woter ut. De besünnere Hamborger Utgoov vun't Barock heet no den Michel-Boomeister „Sonnin-Barock". Hier sünd dat keen Hunnen op Dack un Gebeln, nee: hier wiest Neptun un Scheep op den Kontakt twüschen de See un de „Globus-Schippsversekerung" hen, de hier mol seten hett.

Kickst du no links, sühst du den vigelienschen Torn vun St. Katharinen.

St. Katharinen

→ Katharinenkirchhof

De Anfang vun St. Katharinen wiest torüch bit in't 13. Johrhunnert, 1250 steiht ehr Noom dat erste Mol in en Urkunn binnen, ut düsse Tiet is ok noch de Tornstump in sien Hööchde vun 23 Meter. Dormit is he dat öllste Boowark in de Stadt. In de Johrhunnerten dorno is se jümmers wedder ut- un ümboot worrn. De vigeliensche gröne „Hoot", de St. Katharinen ehr besünner Utsehn mang all de annern Karken un Torns in't Stadtbild gifft, is eerst loter boot worrn, in de Barock-Tiet. In de Johren 1656 un 57 hett sik de Boomeester Peter Marquard düssen „Hoot" utklamüstert un boben opsett. St. Katharinen is in den Füerstorm 1943 bit op de Grundmuern toschann gohn. In de 1950er Johren sünd se denn bigohn un hebbt de Kark ok vun binnen no middelöllersche Oort wedder opboot, man de kostbor utstaffeerte Binnenkant weer een för alle Mool verloren.

Hüüt mookt de Karkenruum Indruck mit siene smucken gotischen Bogen un Sülen un mit de witten Wannen un Deken. Anners as de anneren Boowarken, de in Hamborg an't Woter oder op den weken Maschgrund opsett sünd, steiht düsse Kark nich op Pöhls, de in de Eer groovt sünd – nee, se „swümmt" op en Fundament ut langleggte hölten Balken, wo se Pallen to seggt, un grote Findlinge. Dorüm steiht de ganze gewaltige Katharinenkark nie still. Mit dat

Grundwoter geiht se suutje op un dool. Op düsse Oort blifft de vörnehme, ole Doom jümmers in Bewegung. Man dat hett ok siene Hoken: Mol üm mol ritt dat Muerwark in un vun ünnen krüppt dat Woter de Wannen un Sülen tohööcht.

Boben op den Torn sitt en gullen Kroon. De Legend vertellt: de is mookt worrn ut dat Guld vun Claas Störtebeker (→ Störtebeker), den bekanntesten Seeröver in't Middelöller. As de Hamborgers em no en lange Jagd 1400 bi de Büx kregen un no Hamborg bröchen, kunnen se sien Pirotenschatz nich finnen. Liekers se allens op den Kopp stellt un all siene Versteken dörwöhlt hebbt, sünd se an sien Guld nich rankomen. Dat weer mehr en Tofall, dat een wies worr: dat Schipp leeg bannig deep in't Woter, ok wenn dat leddig weer. As se den Mast foot kregen, weer de uthöhlt un vull mit Guld. Dorvun kreeg Kathrin en Kroon op den Kopp sett. In Würklichkeit weer Störtebeker al 250 Johr doot, un sien Guld harrn se al lang för anner Soken opbruukt, as de Karktorn boot worrn is.

De Kark is open Moondag bit Freedag vun Klock 10 bit Klock 5. Sünnobend un Sünndag vun Klock 10 bit Klock 6.
Katharinenkirchhof 1
20457 Hamburg
Tel.: (0 40) 30 37 47-3
(www.katharinen-hamburg.de)

An den Laeiszhoff vörbi liekut no de Nikolaikark.

St. Nikolai

→ Neue Burg/Hopfenmarkt

Hier stünn en gewaltige Kark, de utseeg as en Kathedrool ut dat Middelöller. Dorbi is se eerst 1882 trecht worrn, meist 40 Johr harrn se doran boot. Ploont un boot hett ehr de Englänner Gilbert Scott. De ole Nikolaikark, de vörher hier stünn, is bi dat Grote Füer 1842 opbrennt. Meist genau hunnert Johr loter, 1943, is dat Schipp vun de twete Kark tweibombt worrn, as de amerikoonschen un engelschen Bombenflegers bi jümehr „Operation Gomorrha" no Hamborg kemen. An den hogen Torn, de meist akroot in de Mitt vun de Stadt steiht, hebbt se sik oreenteert – de Radartechnik weer noch nich so wiet.

Bleben is man blots de Torn. Mit 147 Meter Hööchde is he de drütthöögste in Düütschland, achter dat Münster in Ulm un den Kölner Dom. Alleen he wiggt al 28.000 Tunnen un steiht op de eerst Iesenbetonplatt, de dat op de Welt geben hett. De Kark weer utstaffeert mit 200 bunte Glasfinster, vun de dat de mehrsten noch geben deit – nu antokieken in dat Hamborg-Museum un in de Utstellung in dat Gewölv ünner den Chor ünner de Glaspyramid. Se wiest nich blots Geschichten ut de Bibel. To'n Deel sünd ok de Stifters vun den Neeboo, rieke Börgerslüüd un Börgermeisters, hier op. Üm dat ganze

De Torn vun de Nikolaikark, vun de Diekstroot ut bekeken

Boowark rüm stünnen op lütte Pielers Figuren ut de Karkengeschicht – so vele un so riek dekoreert as in keen annere Kark vun de Evangeelschen, de dat mit Biller un Figuren anners jo ok nich so hebbt.

In den Deel vun de Torn, vun wo een sik hüüt mit en Fohrstohl op en Utkiek 76 Meter no boben trecken loten kann, is dat Nogelkrüüz vun Coventry ophungen. Dat schall an de engelsche Stadt dinken hölpen, de de Düütschen toeerst twei bomt hebbt, ehrdat de Krieg no Düütschland trüchkomen is. Vundoog is St. Nikolai en Kriegsdinkmool. To een Deel as Teken un Besinnen för de Hamborgers, de mang jümehr kaputten Hüüs un Bombentrümmer storben sünd, un an jümehr Stadt, de an't End vun den Tweten Weltkrieg heel un deel toschann weer. To'n annern Deel steiht de Torn för all de, achter de de Nazis ran ween sünd. He is en Mohnmool för Jöden, Sozialdemokroten un Lüüd mit Kroosch, de jümehr Menen seggen deen un all de annern, de ohn Gnod joogt un ümbröcht worrn sünd.

Liek över den Hoppenmarkt, no de Footgängerbrüch. Över de Ost-West-Stroot weg, un op de anner Siet denn wieder in de Diekstroot rin. Dor geiht dat denn links dör dat lütt Muuslock twüschen de Diekstroot 23 un 25 op den Swümmponton dool.

DE DIEKSTROOT

→ Swümmponton op dat Nikolaifleet

Al vör hunnert Johr worr Alfred Lichtwark, de eerste Direkter vun de Kunsthall in Hamborg, dor füünsch över, dat se in sien Heimootstadt egoolweg allens doolrieten un tweikloppen deen. He snack denn vun de „Freie und Abrissstadt Hamburg".

Noch in de 1970er Johren schullen de letzten Koopmanns- un Spiekerhüüs ut dat 17. un 18. Johrhunnert afreten warrn. En Kring vun Lüüd, de sik

Een vun de letzten Placken Old-Hamborg is de Diekstroot

„Rettet die Deichstraße" nömen dee, kunn dor en P vörsetten. Un se kümmern sik dor ok üm, dat de olen Hüüs vun boben bit nerrn, un to'n Deel ok vun binnen, wedder flott mookt worrn. Veel Möög un Arbeit steekt dor binnen.

Twee Kanten, twee Gesichter: Kümmst du vun den Hoben de Stroot dool, warrst du toeerst de schiere Siet wies. No de Stroot hen liggt, püük un propper wedder torecht mookt, de riek dekoreerten Gebelsieden. Vun düsse Kant reisen Geschäftsfrünn un Kunnen an, un de schullen wies warrn, dat de Koopmann düchtig wat an de Fööt harr. Vun all de Herrlichkeit is achter nich mehr veel to marken. Dor kickt een man dat nookte Fachwark an. Besünners goot kann een vun hier sehen, woans sik dat ole Hamborgsche Koopmannshuus in dree Deele opdeelt. Dat beste Bispill is dat Huus Nummer 37, ut dat de lütte „Balkon" in de eerste Etoosch rutkieken deit.

De ünnersten beiden Etooschen sünd de Koopmannsdeel, en stootschen Sool, goot utlücht dör de groten Finster no beide Kanten, un binnen utkleedt mit Holt un anmoolte Deken. De Koopmannsdeel, wo dat in Hamborg man blots noch twee Stück vun gifft – een hier binnen un de anner in't Hamborg-Museum – weer de Ruum to'n Vörwiesen un Präsenteren. Hier worrn de Kunnen begrött. In de annern beiden Etooschen weer de Wohnung vun de Koopmannsfamilie mit allens, wat dor an bummeln dee: Verwandschaft, Dener, Knechten un Deerns. Ganz

Diekstroot, püük un propper: De schiere Kant no de Stroot hen

tohööcht, in de böversten Etooschen, bit ünner't Dack, legen in de Spiekerrüüm de Woren, de se mit Taue hooch- un dooltrecken kunnen. So as dat noch vundoog bi vele Hüüs in Amsterdam is, kiekt dorför noch de Balken ut de Dackspitz rut.

Nerrn op't Woter luern fröher de Ewer, to'n An- un Aftransport vun Krüter, Beer un Pelzworen oder wat een dor anners noch to liggen harr.

De Buul, de lütt Erker, de ut de twete Etoosch rutkieken deit, harr noch twee Löcker binnen un weer „Tante Meier" un Aschammer in eens. Vun hier ut güng allens direktemang in dat Fleet dool. Wenn een dor nich vörsichtig bi weer, kunn dat licht mol passeren, dat de Schippslüüd un Ewerföhrers, de ünnen op jümehr Kohns togangen weern, dat de den Kroom op den Kopp kregen.

De weern ok nich jüst püttjerig un revanscheren sik. Wenn grölen alleen nich helpen dee, nehmen se jümehr lange Stangen, mit de se de Bööt staken deen, un schoben de dör de Löcker, bit vun boben nix mehr nokeem.

Wo nu dat Beer ut Hamborg sien kräftigen Gesmack vun weg harr, för dat dat lange Tiet bekannt weer, dat kann sik jeedeen licht denken. Dat Beer hebbt se mookt ut Fleetwoter mit allens, wat dor binnen weer. Egentlich weer dat ober gor nich so leeg, denn Hamborger Beer weer Exportbeer – dat dreep also toeerst de annern. Denn keem dat Footvolk in de Stadt an de Reeg. De bleev nix anners över, as dat to drinken. Se kunnen sik nix anners leisten. Man blots de Pepersäck drünken Beer ut Einbeck, wo se mehr Soten harrn, mit reiner Woter as in Hamborg.

Wat sik hier to'n Högen anhöört, weer hunnert Meter wieder dool, wo se dat Kantüffelwoter ruttrecken deen, keen Spooß mehr. Wenn een sik vörstellt, dat se jümehr Kinner, Kledoosch un sik sülbst dorin waschen müssen, kann een begriepen, dat se all teihn Johr en grote Süük in de Stadt harrn, an de Mool üm Mool en Barg Lüüd dootbleben.

Un ok → Hummel harr mit dat schietige Woter vun Hamborg to doon. De Woterdrägers slepen för de rieken Börgerfamilien dat reine Woter in Ammers ut gode Soten ran.

De twete Törn

- → Landungsbrücken Glockenturm, links in den
- → Alten Elbtunnel
- → Schwimmpontons, geradeaus in Richtung Museumsschiffe links
- → Brücke 1 hinauf
- → Hafentor (Rickmer Rickmers), an der Fußgängerampel gegenüber vom Wasser über die Straße
- → Ditmar-Koel-Straße/Vorsetzen
- → Ditmar-Koel-Straße/Rambachstraße
- → Schaarmarkt
- → Michaeliskirche (innen), hinter dem Chor Durchgang zu
- → Krameramtsstuben, die Treppen hinunter Richtung Elbe
- → Gruner & Jahr, Schaarsteinweg, Schaartor, Kajen, rechts über die Fußgängerbrücke den Binnenhafen queren, „Kehrwieder" entlang, Auf dem Sande
- → links in den Sandtorkai
- → Speicherstadt bis
- → Holländischer Brook

An de Lannungsbrücken

→ Klockentorn

Kickst du vun de Lannungsbrücken an'n Klockentorn dool no de Elv, kriggst du nich veel mit vun Düütschland sien gröttsten Hoben un de Bargen vun Containers, de hier ümsloon warrt. Man blots en poor Fähren un lütte Barkassen, de Hobentörns för Quiddjes un Hamborgers mookt, kajoolt hier noch över't Woter. Wiet un breet nix to sehn vun de groten Pütt, de Dag un Nacht Woren ut alle Welt no Hamborg ransleept un anner wedder wegbringt. Meist fief Kilometer vun hier no Westen to liggt de groten Containerhoben, wo vundoog de Scheep ankoomt. An de Lannungsbrücken is de Elv mit ehr 8,5 m bi Ebb al nich mehr deep noog för de „Containercarrier", as se hüüt heet. 24 Stünnen – länger bruukt so'n Schipp nich mehr för't Ut- un Inloden. De mehrsten sünd ober no en poor Stünnen al wedder weg. Unse Tiet hett dat bannig hild un wenig över för „Seemannsromantik" för de Schippslüüd, de ut all Länner hierher koomt.

Dat Boowark vun de Lannungsbrücken mit sien Kuppeln un Bogen weer 1907 fardig un al dormols egentlich to lütt för de groten Damper, de vun hier ut vull mit Utwannerers no Ameriko fohrt sünd. Alleen vun 1836 bit 1934 güngen fief Millionen Minschen vun Hamborg ut op grote Reis. Mehrstendeels no Nordameriko güng de Törn, wo se op en beter Leben hopen deen, as dat, wat se in de ole Welt achter sik leten.

Twüschen de groten Torbogen, de no de Brücken dool föhrt, sitt Figuren, de den Wind ut de veer Himmelsrichtungen vörstellt. No Oosten hen steiht de Klockentorn, de ünnen wiesen deit, wo deep de Elv is un wieder boben de Klockentiet. Eerst 2007/8 hebbt se de Dörgänge no de Pontons dool ünnenrüm höger moken müsst – dat Woter weer höger un höger stegen. Dat hett to doon mit dat Opwarmen vun't Klima, wat een op de ganze Welt marken deit un hier eben ok. Hüüt dücht een, as harr de, de den plattdüütschen Satz „Wohr di, wenn de blanke Hans kümmt" vör hunnert Johr blangen den Dörgang vun den Torn in den Steen haut hett, al teemlich wiet in de Tokunft kieken kunnt.

Hoben

De Hamborger Hoben is mang de Container-hobens in Europa, achter Rotterdam, de tweet-gröttste un in de Welt de Nummer 9. 2007 sünd 8,9 Mio. Blickkisten ümsett worrn. In de toko-men teihn Johr rekent de Hamborgers dormit, dat de Ümslag nochmol üm dat Sülbige wassen deit. 2015 schüllt in'n Hoben 18 Mio. Containers ümsett warrn. Dat kümmt vör allen dorvun, dat de Wirtschaft in China so bannig un gau in Gang kümmt. Wichtigste Hannelspartners vun Ham-borg sünd China un Singapur. Alleen de Hoben vun Shanghai, Hamborg sien Partnerstadt, sett in't Johr mehr as 22 Mio. Containers üm.

DE BISMARCK

→ Lannungsbrücken, Dörgang no Brüch 4

As gewaltigen Koloss steiht dor Bismarck. Dat sik jüst de Hamborgers so'n gewaltigen Granit-Kanzler henstellt hebbt, dat hett al 1906, as he boot worrn is, den Rest vun Düütschland en beten wunnert. Lange Tiet harrn de Hanseoten mit em mehr Theoter as Vergnögen hatt. As se 1871 mit eenmol Düütsche warrn schullen, güng dat Armdrücken los. Bismarck trock jüm mit no dat nee'e Düütschland rin, un se wehren sik mit Macht. De Hamborgers weern bang, dat se nix mehr to mellen harrn, jümehr Unafhängigkeit ganz un gor över den Diek güng un „Freie un Hansestadt Hamburg" man blots noch en feinen Noom mit nix dorachter weer. Un an meisten Manschetten harrn se dorvör, dat dat Geschäft een mitkriegen kunn, dat de nee'e Toll un Stüern allens eerst so richtig vigeliensch moken wörr.

Man ok de Arbeiters stünnen nich achter em. De harrn al lang de Nääs vull vun em. Mit de „Sozialistengesetze" harr Bismarck versöcht, jüm in de Kniep to kriegen, dat se den Mund nich mehr opmoken kunnen.

Un liekers: 1906 is he trecht. Allens tosamen is dat Dinkmol över 34 m hooch, 14,8 m alleen de Figur, eene halbe Million Goldmark hett de Apparoot köst.

Iesern Kanzler ut Granit: Bismarck

Lannungsbrücken. Klockentorn un Bismarck

625.000 kg is he swoor. Den Steen för em hebbt se ganz ut den Schwarzwald ransleept. As Roland, mit Mantel, Swert un Odler, kickt he in Richtung Nordsee. Twee Soken hebbt to düssen Bismarck föhrt. Eerstmol: Dat Düütsche Riek harr den Hannel eerst richtig in Gang bröcht un dormit orntlich Geld no Hamborg spöölt. Düsse Ümstand hett düchtig mithulpen, dat de Hamborgers doch noch düütsche „Patrioten" worrn sünd. Un twetens: As dat Dinkmol fardig weer, dor weer he al acht Johr doot, storben in Friedrichsruh, in den Sassenwald, un dat mook de Lüüd an de Elv ok en ganz Stück weker.

En beten wunnerlich weer dat de Hamborgers ober doch noch mit jümehrn nogelnee'en Bismarck, as jüst in dat Johr, as he fardig weer, de Michel afbrennen dee. Nu stünn mit eenmol de ole Kanzler op Elvhööchde, man dat Wohrteken för Hamborg weer verswunnen. Dat hett wiss ok en Rull speelt, as dat dorüm güng, den Michel so gau as dat man güng, wedder optoboen.

HOTEL HAFEN HAMBURG

→ Seewartenstraße 9 un ümto

Upstellt worr dat grote witte Huus as Ünnerkunft för Seelüüd – fröher höör ok noch en Krankenhuus dorin – in de Johren 1858–63 vun Reeders. De wullen geern, dat sik jümehr Personool twüschen twee stramme Segeltörns verholen kunn. Düsse Institutschoon weer allerdings nich würklich goot ansehn – Domenbesöök dröff nämlich keeneen mit no Huus un op de Komer mitbringen. So bleev düt Huus eher leddig as vull, un de Matrosen weern leber op St. Pauli togangen, as sik hier to verpuusten. Mit in düssen Komplex binnen weer dormols ok noch de „Seewarte", de Vörgänger vun dat Bundesamt, wat vundoog blangenan sitten deit.

Dat Veer-Sterne-Hotel „Hafen Hamborg" kickt hüüt noch jümmers över de Elv bi de Lannungsbrücken, man dat bargt kene Schippslüüd mehr. Vun den Torn ut, wo en Cocktailbar binnen is, hett een en feinen Blick över dat Woter, besünners in de Schummertiet oder ok in'n Düüstern.

Schöne Utsichten kann een ober ok för weniger Geld kriegen. Op de anner Siet sitt to'n Bispill de Jugendharbarg op den Stintfang (Alfred-Wegener-Weg 5). Blangen de fröhere Wallanloog schient so veel de Sünn, dat dor sogoor Wien anboot warrt.

Dat Hotel „Hafen Hamburg"

Achter de olen Boowarken, dor wo fröher de Bavaria St. Pauli Broeree Astra mookt hett, wasst dat nee'e St. Pauli. Dree Torns scheet hier to Hööchd. Ganz links steiht 90 Meter hooch dat „Empire Riverside Hotel", ganz in Kopper. Dat Huus is jüst eerst fardig worrn un höört so as dat Hotel „Hafen Hamburg" to de Firma Bartels. Willi Bartels, bekannt as „de König vun St. Pauli", is 2007 mit 92 sturben. Seggt warrt: sien Firma höört an'n meisten Grund un Hüüs op den Kiez to. In de annern beiden Torns sünd Büros binnen.

Dichtbi hebbt se en ganz nee Quarteer mit Wohn- hüüs opboot – „Brauquartier" heet dat. Woans dat den Stadtdeel verännern deit, mutt een noch af- töben, denn de modernen nee'en Boowarken sünd natürlich bannig wat dürer as de olen Hüüs op St. Pauli. Vun fröher her höör düsse Gegend al jümmers to de armsten in Hamborg. Geld weer hier nie nich to Huus.

Bundesamt für Seeschifffahrt und Hydrographie

→ Bernhard-Nocht-Straße 78

Dat Amt is tostännig för dat Utmeten vun de Scheep. Dat is wichtig, denn Afgoben un Stüern warrt no de Gröttde betohlt. Se passt ok för de technische Sekerheit op't Woter op. Dat nich Scheep mit schetterige Utrüstung an nautische Geräten, Kompass un Koorten op Tour schickt warrt un denn op't Woter nich mehr weet, wo achtern un vörn is. Dor mookt se Seekoorten för. Un wat jümmers wichtiger warrt: ok de Ümweltschutz op See höört to jümehr Opgoben.

Dat ne'e St. Pauli wasst in den Himmel: Hochhüüs op'n Kiez

DE OLE SEEFOHRTSCHOOL

→ blangenbi

As 2005 de letzte Johrgang mit't Studeren fardig worr, güng in Hamborg ene lange Traditschoon to Enn. Dat hellrode Backsteenhuus mit de hogen Gebeln boben op is vun 1905, man de Traditschoon langt veel wieder trüch. Över 250 Johr lang hett dat en School för Navigatschoon in Hamborg geben. Al 1749 is se grünnt worrn, un siet düsse Tiet hebbt Kapteins, Stüerlüüd un Schipper hier de Seefohrt lehrt. Noch 1970 geev dat in Hamborg 700 Studenten, man de Nofroog is jümmers weniger worrn.

Hier kunn een fröher stüern lehren: in de Seefohrtschool

Een Besünnerheit harr düsse School: Vör hunnert Johr weer dat noch so, dat de Seelüüd jeden Dag mit den Ünnerricht anfangen kunnen. Se schullen nich unnödig Tiet an Land verpütjern, denn op See, dor tööv jo Arbeit op jüm.

En schönen Utkiek hest du vun de Terrass op den Stintfang bi de Jugendharbarg. Dor kannst di en beten verpusten un hest en wunnerbore Utsicht över de Lannungsbrücken un en groten Deel vun den Hoben.

DAT TROPENINSTITUT

→ Bernhard-Nocht-Straße 74

As so'n bullige brune Borg liggt ganz links dat Tropeninstitut blangen de Navigatschoonsschool op den Geesthang över de Elv. Boot hett dat „Bernhard-Nocht-Institut för Tropenmedizin", wo dat egentlich heten deit, Fritz Schumacher twüschen 1911 un 1914. Dat weer ok nödig, denn de See- un Schippslüüd bröchen vun jümehr Törns üm de Welt en Barg frömde Süken un Krankheiten mit.

De Hobendokter „Bernhard Nocht", de dat Institut den Noom geben hett, geev dat Motto ut: „Forschen, Heilen, Lehren."

Hüüt, wo de Lüüd mit Flegers üm de Welt neiht un dat ok allens veel gauer geiht, is dat al lang keen Seemannskrankenhuus mehr. De meisten Mitarbeiters sünd in de Forschung togang. Un wenn een sik op de Urlaubsreis in jichtenseen Eck vun de Welt wat opsammeln deit, wo de Dokter to Huus nich mehr recht mit Bescheed weet, kümmt he oder se no Hamborg in't Tropeninstitut.

Man düt Krankenhuus hett ok Afleggers in de ganze Welt. In Ghana, Vietnam un Indien arbeit de Hamborger Wetenschaftlers mit de Forschers ut düsse Länners tohoop. Se wüllt Viren un Bakterien bi de Büx kriegen, mehr över gefährliche Süken rutfinnen

Achter de Viren ran sünd se in't Tropen-Krankenhuus

un se denn ok behanneln. Vör allen in de armen Län-
ner reckt dat Geld nich, de Krankheiten bitokomen
un düre Medizin to betohlen. Malaria un de Sloop-
krankheit höört dorto, man dat gröttste Problem is
noch jümmers Aids – un dat nich blots in Asien un
Afrika.

DE OLE ELVTUNNEL

→ Vör den olen Elvtunnel

Üm de Wend vun dat 19. no dat 20. Johrhunnert müssen Zigdusende vun Hoben- un Warftarbeiters no jümehr Arbeitssteed vun de een Elvsiet no de anner komen. Dröben, op de südliche Siet, legen de groten Warften un de Kaianlogen för de Scheep. De lütten Barkassen un Fähren langen ober nich mehr. Gefährlich weer dat vör allen, wenn de, de sik dat Geld för den Törn sporen wullen, mit jümehr egen Paddelbööt no de anner Kant schippern. Mang de groten Dampers un Fährscheep in'n däglichen Hobenverkehr kunn en Reis in so'n Appelkohn to Mallöör föhren. Un bi Iesgang un Nebel weer dat ganz unmööglich.

Eerst harrn se de Idee, dor en Brüch to boen. Man de hett sik nich dörsett. Wenigstens 55 m schull de hooch ween, dat de Segelscheep dor noch ünner wegkemen. Dat harr veel to düer worrn. Ok över en Swebefähr hebbt se nodacht. Man an't Enn schull dat en Tunnel ween. Mit en „Schildvortrieb", dat is en groten Bohrer, hebbt se sik Pö a Pö ünner de Elv dörwöhlt. Ganz eenfach weer dat ober nich. Besünners op de Steenwarder Siet, in'n Freehoben, leep Woter in den Schacht rin, un dat müss man mit Druckluft wedder rutpressen. För de Lüüd, de dor

Kunst ünner Woter: Woter-Deerten in den olen Elvtunnel

ünnen togangen weren, heet dat, se müssen egool-
weg bi Överdruck arbeiten. Ok allens, wat se dor
an Eer ruthoolt hebbt, müss eerst dör de Luftslü-
sen, eher dat no buten keem. Bi de Arbeiters hett
dat en Barg Tiet köst: jeden Dag müssen se dör en
Druckslüüs en halbe Stünn rin- un en ganze wedder
utslüüst warrn – se schullen jo nich de gefährliche

Druckkrankheit kriegen. En Barg Lüüd sünd liekers noch krank worrn.

Veer Johr hett dat duert, bit allens fardig weer. De beiden Schächte hebbt op beide Sieden veer grote Fohrstöhls – en direkte Tofohrt geev un gifft dat nich. Dortwüschen loopt ünner dat Woter dör de beiden langen Tunnelröhren ut Stohlbeton.

Nu man rin! Se köönt sik utsöken, wat Se to Foot de Trepp dool lopen oder mit een vun de Personenfohrstöhls de Tour no ünnen moken wüllt.

1911 hebbt se em open mookt: utstaffeert mit püke Kacheln un Keramik-Biller an de Wannen. Un dor leep sogoor en egen Kraftwark, blots üm Stroom för dat Licht un de Fohrstöhls in den Elvtunnel to moken. Wat vundoog en Technikmuseum is, weer fröher dat reinste Wunnerwark. So wat geev dat blots noch in England, anners in ganz Europa nich.

Wenn Schichtwessel bi Blohm & Voss weer, kunnen dat to de besten Tieden al mol 20.000 Lüüd warrn, de in de Stünn hier dörkomen sünd. In düsse „hitten Tieden" weer de Tunnel för Peerd un Wogen afsparrt. Villicht warrt dor ok dat plattdüütsche Woort → Angströhr (egentlich is dat ja en → Uznoom oder „Ökelnoom" för den Zylinnerhoot ween) en beten klorer – so hebbt se nämlich den Elvtunnel in'n Spooß dööpt. Dat kann een sik al goot vörstellen, dat den een oder annern en beten swummerig worrn is, wenn dor op een Slag Dusende vun Minschen dör wullen.

Nich blots Hobenarbeiters weern hier ünnerwegens. An'n Anfang lepen ok en Barg Kinner ünner de Elv dör, hen no de Boodanstalt, de op de anner Kant leeg. Mang all dat Fleuten, Singen un Prohlen kunn dat denn fix luut warrn in de Röhr.

Un bit se in de 1960er Johren dat Girokonto inföhrt hebbt, töben de Froenslüüd op de Nordsiet vun den Tunnel un passen jümehr Mannslüüd af. De Arbeiters schullen jo nich de ganze Lohntüüt op den Kiez verkleien. To düt Gewöhl jeden Freedag hebbt se „Lohntütenball" seggt.

In de föfftiger Johren hett de Elvtunnel denn sien gröttsten Rummel beleevt. 1957 hebbt se dor jeden Moond 6 Millionen Footgängers, 3 Millionen Radfohrers un 467.000 Autos tellt. Hüüt süht dat en beten anners ut: Nu sünd dat man blots noch 500.000 Footgängers in't ganze Johr. Dormols schull de moderne Technik den Weg no de Arbeit hen un wedder retuur kommodiger un gauer moken. Vun 1959 hebbt Rulltreppen de Hobenarbeiters op un dool fohrt. Man de sünd ok wedder verswunnen.

Un de Elvtunnel vundoog? Wenn een hüüt as Besöker suutje dör den Tunnel slarrt, kann een sik düssen Bedriev gor nich mehr recht vörstellen. Af un to suust mol en Radfohrer vörbi, Matrosen op den Weg torüch no jümehr Schipp, Lüüd, de op de Elvinsel, in Wilhelmsborg, wohnt, un Touristen kann man hier ünnen bemöten. För Autos, de en beten wat breder

Dagdägliche Weg to Arbeid för Dusende: de ole Elvtunnel

sünd, kann de Tour to'n Millimeterarbeit warrn – de Fohrbohn weer dacht för Peerd un Wogen, se is man blots 1,82 m small. Den Autofohrer köst düsse Spooß twee Euro an Gebühr. Dorför warrt ober ok fix wat boden: Mit den een Fohrstohl dool, mit den annern wedder rup, dor twischen mit ruhige Hand sinnig dör den Tunnel. Footgängers un Radfohrers betohlt nix.

Dat besünnere Flair, düsse ganz egene „Elvtunnel-stimmung" is bleben. De Tunnel hett sien egen Licht un Klang. En beten natt is dat, un jeedeen Pedd, den du mookst, hangt noch en Momang lang as Hall in de Luft.

Dat hebbt de Lüüd ut de Werbung un vun't Fernsehn ok al markt: hier binnen warrt Filme dreiht. Utkniepen vör de Polizei dör den Tunnel weg – dat is so en Klassiker, de jümmers wedder opdükern deit. Dat hööört al meist dorto, wenn dat in Hamborg speelt: eben en Ünnerwoter-Wohrteken.

Ok Biller för Rekloom scheet se hier. De längste Lütt-Iesenbohn vun de Welt is dör den Elvtunnel fohrt. Un bi de „Elbart", kann een sik bi Jazzmusik Biller bekieken, teihn Meter ünner Woter. För düt Kunstfest mookt se de Röhren för den Verkehr natüürlich dicht.

Henwies: Wenn Se Lust un Tiet hebbt, dör de Tunnel hendör to lopen, gifft dat op de Steenwarder Kant en würklich schönen Kiekut. Vun meist keen annern Placken in de Stadt, wenn wi den Michel mol utnehmt, köönt Se so schöön op Hamborg kieken as vun dor: Dat reckt vun St. Pauli över de Binnenstadt mit ehre Hauptkarken bit no de nee'e Hobencity.

Geihst du an de Lannungsbrücken achter den Tunnel över en Brüch no ünnen op de Swümmpontons, liggt de meist 700 m lange „Schippsbohnhoff" vör di. He stiggt un fallt mit Ebb un Floot all söss Stünnen üm 3,6 m.

Ganz hen un weg hööört sik düsse Kommentar ut de 1920er Johren an, as de Lannungsbrücken noch vull mit grote Scheep legen:

„Kein Bahnhof der Welt ist gebettet in solches Panorama, ja, es darf füglich bezweifelt werden, ob es so viele Plätze gibt, in denen Traum und Wirklichkeit, Arbeit und Vergnügen, Land und Wasser, Heimat und Fremde so zur Einheit verschmelzen wie hier."

So wunnerlich is dat ober nich, koomt düsse Wöör doch ut en Blatt vun Hamborg sien Frömdenverkehrsvereen. Ok wenn sik de Tieden ännert hebbt, dat Lengen no de grote wiede Welt kann een dor ünnen ok vundoog noch footkriegen, wenn een an de groten Swümmdocks vun Bloom & Voss vörbi op dat Woter kickt. Un wenn de Besöker bobento ok noch en beten Fantasie hett, kriggt he ok hüüt noch en Nääs vull sulten Luft tofoot, mag de Nordsee ok noch över 100 km wiet weg ween, un he dröömt vun frömde Länner.

No links geiht dat wieder no de Rickmer Rickmers (Brücke 1).

Henwies: En lütten Vörgesmack op de grote Fohrt kann een sik bi en Törn mit de Hobenfähr holen. Dat is keen richtigen „Geheimtipp" mehr, ober Spooß moken deit dat jümmers noch: De Hobenfähr 62 fohrt över Övelgönne/Neumühlen, wo de Museumshoben blangen den Elvstrand liggt, no Finkwarder un mookt dorbi en schönen Törn över't Woter. Hier kriggst en Barg vun den Hoben to sehen. Los geiht dat vun Brücke 3, HVV-Fohrkoorten gellt ok op de Fährscheep.

Hobentörns gifft dat ünnen an de Lannungsbrücken meist alle Meter. All duert se – eendoont, wat se nu lütte oder grote Hobenrundfohrt heet – een Stünn. Schöner is dat mit en lütte Barkass as mit en groot Schipp. Eerstmol is dat kommodiger, un denn koomt se bi Floot ok in de Kanools vun de Spiekerstadt rin. För de, de dat akroot weten wüllt: Stattreisentörns sünd twee Stünnen lang un goht jeden Sünnobend Klock dree vun den Anlegger Baumwall los (April–Oktober).

To'n Eten: Wenn de Hunger noch en beten töben kann, kööpt Se sik keen Fischbrötchen an de Lannungsbrücken, versöökt Se dat leber in't → Portugiesenviertel. Hier gifft dat Restaurants, de natüürlich dürer sünd. De besten Fischbrötchen gifft dat in de „Große Elbstraße". In en lange Reeg mit eenfache Schuppen steiht dor en Fischloden achter den annern. Dor verarbeit se jümehr Woren frisch un verkööpt jüm direkt to'n Eten in'n Brötchen oder mit Kantüffelsaloot op'n Töller. Veel Luxus gifft dat hier nich, un ok nich överall kann een sik doolsetten, oder man jüst op en Holtbank. Kloor: sitten kann een annerwegens beter, man Fischbrötchen eten nich

Große Elbstraße 117–141
Hobenfähr 62
Richtung Finkenwerder, Station: „Dockland"

Twee Schippsgeschichten

→ Swümmponton vör Brüch 1

De Rickmer Rickmers
Dat eerste Museumsschipp

De Rickmer Rickmers is en Dreemastbark, de al den Buuk un de Masten ut Stohl hett.

1896 hebbt se dat Schipp in Bremerhoben op de Rickmers-Warft boot – de höör, jüst so as de Reederee ok – to dat „Familienimperium Rickmers" to. De Rickmer Rickmers hett vele Reisen achter sik: se hett Petroleum vun Ameriko no Japan bröcht un in Ostasien Ries loodt. As „Max" hool se denn Salpeter ut Chile, bit de Portugiesen ehr in den Eersten Weltkrieg op de Azoren inkasseert hebbt. No den Krieg weer se knapp 40 Johr lang dat Schoolschipp vun de portugiessche Marine, ehr Noom weer „Sagres". „Santo André" hett se heten, as se 1962 in Portugal „in Rente" güng. Un eerst 1983 keem se in teemlich klöterigen Tostand no Hamborg torüch. Hier hebbt se dat Schipp in söben Johr wedder flott mookt. Un se hebbt dat ok sien olen Noom weddergeben: Rickmer Rickmers.

Meist keen anner Schipp in'n Hoben kann een so jieperig moken op grote Reisen, Beleevnisse op See un in frömde Länner. Dat een sik dorbi licht in Seemannsgoorn vertüdern kann, is kloor. Dat schüllt düsse twee korten Geschichten ut dat Leben vun de Rickmer Rickmers wiesen:

Ünner Kaptein Albert Baake hett de Rickmers een vun de fixesten Törns överhaupt mookt. He kreeg dor en gullen Klock för un en Dank vun sien Boos. Siene Mannschaft hett he bi dat Ünnernehmen ober so osig dör de Mangel dreiht, dat bi de nächste Gelegenheit glieks 13 Mann utknepen un an Land bleben sünd.

Un ok dat höör to den Seemannsalldag vör goot hunnert Johr mit dorto: 1898 sünd op en Reis vun Honkong no Indien glieks fief Matrosen dootbleben. De Seelüüd weern al böös elennig op de Been un vun Moskitos tweistoken, as se in Indien an Land güngen. Man ok in't Krankenhuus geev dat keen Help mehr – dat Eten weer eenfach to slecht ween, mit to wenig Vitaminen dor binnen. De Lüüd weern dootbleben an wieder nix as Mangel.

Up Rickmer Rickmers kann een jeden Dag rup:
vun Klock teihn bit Klock söss.
Landungsbrücken, Ponton 1a
20359 Hamburg
Tel.: (0 40) 3 19 59 59

1896 in Bremerhaven boot: de Rickmer Rickmers

Brücke 1 rop no't Hobentor. Vun hier kann een ok dat annere Museumsschipp achter de Rickmer Rickmers sehn.

De Cap San Diego
(Hobentor)

För de Reederee „Hamburg Süd" is se 1961 boot worrn, op ehren ersten Törn güng de Cap San Diego en Johr loter. Twüschen 1962 und 1981 weer se op Tour twüschen de Ostküst vun Süüdameriko un Europa. In düsse Tiet hett se 120 Rund-Törns afreten, jeedeen 70 Doog lang. Denn is se wieder verköfft worrn, un 1986 is dat Schipp al meist in de Schrottpress lannt. As de Hamborgers ehr mit knappe Noot noch foot kregen un wedder trüch in de Stadt bröchen, heet se „Sangria" un weer böös klöterig towegens. Fröher harr se smuck un vörnehm utsehn. Man mit de „Swoons vun den Süüdatlantik", as se un ehr veer Süstern, de all vun den sülbigen Slag weern, heten, harr se nu nicht mehr veel to doon. Vun all de fief Stück is man blots düt ene Museumsschipp nobleben. Siet 1989 liggt se an de Överseebrüch, man dat schull noch bit in de 1990er Johren duern, ehrdat arbeitslose Warftarbeiters ehr wedder flott mookt un utboot hebbt.

1994/95 is se to'n eersten Mool wedder op Reis gohn, wenn ok nich mehr op en ganz so grote. Man för de ole Doom lang eerstmol de lütte Tour mit Lüüd an Bord no Kiel to den hunnertsten Geburtsdag vun den Nord-Ostsee-Kanool. Ganz ut de Sicht is Rio ober ok vundoog noch nich. Vörnohmen hebbt se sik, noch eenmol mit de Cap San Diego no Brasilien to schippern.

In ehre groten Tieden hool se Wull, Mais un Fleesch ut Süüdameriko. Dorför harr se extra Köhlrüüm. Op den Weg torüch fohren ut Europa Maschinen, Droht un Düngemittel mit. In't Ganze kunn se 10.700 t dregen. Blangenbi geev dat noch Luxuskabinen för Passagiere un en Swimmingpool mit all Hüün un Perdüün. Liggt se hüüt blangen en vun de groten Containerscheep, dücht se di as en kommodigen, lütten Krabbenkutter, blots orntlich wat eleganter. Eerst nu kriggt een klook, wat för en gewaltigen Jump de Schippboo un -technik in de verleden veertig Johr mookt hett.

Hüüt is dat Schipp Lokool, Hotel, Festsool un Museum allens in eens. Hier gifft dat Fiern un Utstellungen, un as Museumsschipp kann een sik dat ok bekieken.

De Cap San Diego liggt an de Überseebrücke,
20459 Hamburg
Tel.: (0 40) 36 42 09
Open för Besöker is se vun Klock teihn bit Klock söss

De schöönste Reis an Land ...

→ Vorsetzen/Ditmar-Koel-Straße

Vör di steiht dat mächtige ieserne Viadukt vun de Hoochbohn. Ploont hebbt se ehr vör goot hunnert Johr. Se schull de Stadt verbinnen mit den nee'en Karkhoff in Ohlsdörp, de noch vundoog de gröttste Parkkarkhoff op de Welt is. Hüüt Wohrteken, Park un Karkhoff in eens, leeg he dormols för de Lüüd to wiet buten un müss dorüm an de Bohn ansloten warrn.

Henwies: Kiekt Se sik – mol wedder – Ohlsdörp an. Bannig wat mehr as en Karkhoff, is dat al eher en gewaltigen Park, veer km² groot, mit vele, vele Graffsteden. En ganze Reeg rieke Hanseotenfamilien wullen mit jümehrn Graffsteen wiesen, dat ehr Huus för den Dood jüst so groot is, as dat weer, wo se in leevt hebbt. Dorüm hebbt se sik hier stootsche Anlogen opstellen loten. Un as de Villen, stoht ok de Graffsteeden mang herrliche Parks mit lütte Seen, Blomen un ole Bööm. Man dat Schöönste an Ohlsdörp sünd de Engel. Wenn een üm de Eck böögt un mit eens dükert mang Dannentelgen so'n witten Engel ut Marmor op, de utsüht, as wörr he twüschen de Bööm sweben, denn kümmt dat „Ohlsdörp-Geföhl" op. Dat is woll meent, wenn de Lüüd vun

„Friedhoffskultur" snackt. S1, S11, U1, Statschoon Olsdorf.

Open is de Karkhoff: vun April bit Oktober vun Klock 8 bit obends Klock 9, November bit März vun Klock 8 bit obends 6 (www.friedhof-hamburg.de).

Wat mol as Karkhoffbohn utklamüüstert worrn is, dat is vundoog de wichtigst Verkehrsweg vun de ganze Stadt.

De Streek is 17,5 km lang un hett 23 Statschonen. Se löppt dör de Stadtdele Eppendörp, Winterhude un Barmbek. En groot Deel vun de „Hoochbohn" geiht över meterhoge Dämme, Brücken un Dregers

Up meterhoge Pielers fohrt de U-Bohn

ut Stohl, een kann sik veel vun de Stadt bekieken: op de Ringlinie kann een vundoog ene feine Stadtrundfohrt moken. Enig sünd sik de mehrsten Hamborgers dorin, dat dat Stück an den Hoben dat schöönste is. Vun den Bohnhoff Lannungsbrücken bit no den Baumwall kannst du vun boben över de Elv kieken, wo de Museumsscheep un Spiekerstadt liggt, ehrdat de Tog ganz kommodig wedder no links üm de Eck afhuult un in de Statschoon Rödingsmarkt rinfohrt.

1912 kunn een noch en „gelinden Schauer" kriegen bi de „Unterpflasterstrecken" – so stünn dat tominnst dormols in de Zeitung. Un dat kunn een as „amtliche Polizeiverordnung" in de U-Bohn lesen: „Damen mit unverdeckten Hutnadelspitzen sind von der Beförderung ausgeschlossen."

Vundoog is so'n Bohnfohrt lang nich mehr so gefährlich – also: gote Fohrt!

Hochbohnstreck vun ünnen, as vun en Pogg bekeken

In Hamborg liggt Portugal
ganz dicht bi Skandinavien

Över Hamborg un de Frömde, över de Millionen vun Utwannerers hebbt wi jo al bi de Lannungsbrücken snackt. De anner Siet vun de Sook is: Hamborg un de Frömden. Siet Johrhunnerten koomt Minschen ut all Länner un Erdele no hier. De Stadt an de Elv mit den gröttsten düütschen Hoben hett al jümmers Lüüd antrocken, de hier jümehr Glück söken un versöken wullen. Licht hebbt se jüm dat lange Tiet nich mookt.

In't 16. Johrhunnert kemen Jöden, de se in Spanien un Portugal wegen jümehrn Globen an't Lief un Leben wullen, jüst so as loterhen Mennoniten – dat is en Globensgemeenschaft, achter de se in Holland ut de sülbigen Grünnen ran weern. Lange Tiet is Altona, bit 1864 däänsch, veel fründlicher to de Nee-Hamborgers ween. Dat is also keen Tofall, dat de eerste kathoolsche Kark vör 300 Johr op de Grote Freeheit op St. Pauli boot worrn is. Denn düt Land höör al to Altona to, un un dormit to Dänmark. Dröben, op de Hamborger Siet, harrn se dat nienich toloten. So verkloort sik ok de Noom vun düsse Stroot: mit „Grote Freeheit" weer de Religionsfreeheit meent un de Freeheit, en Geschäft to föhren.

Man nich blots jümehr Globen, ok de Noot dreev de Minschen op de Reis. De, de Tohuus keen Utkomen mehr harrn, kemen no de grote Stadt, üm hier en nee'e Existenz optoboen, dat Broot för sik un jümehr Familien to verdenen. En Bispill dorför sünd de Polen, de in't 19. Johrhunnert herkemen un Arbeit in de Wullfabriken op de Elvinsel Wilhelmsborg finnen deen. Jümehr Nokomen sünd noch vundoog an de poolschen Nooms to kennen. Dor gifft dat dor noch en ganzen Barg vun, ok wenn keeneen mehr Polnisch snacken kann.

De nächste Dutt sünd de, de hier eenfach hangen bleben sünd. An Land spöölte Matrosen, Kooplüüd, de to'n Hanneln her un nich wedder weg komen sünd, Lüüd, de wat beleben wullen un Neeschierige höört dor ok mit to. Dorvun hett en Stadt mit en Hoben natürlich en ganze Floog.

Vundoog geiht de Tall vun Butenlanners wedder trüch. An't Enn 2006 weern 14,1 Perzent vun de Hamborgers keene Düütschen un kemen ut 43 verscheden Natschonen.

SWEEDSCHE SEEMANNSKARK

→ Vorsetzen/Ditmar-Koel-Straße 36

De Gustav-Adolf-Kark vun 1907 hett mehr as man blots een Besünnerheit. Dat fang al dormit an, dat de egentliche Kark mit Torn, Karkenruum, Orgel, Kanzel un Bänk för de Besökers eerst in de eerste Etoosch losgeiht. Ünnen sünd Büros, Köök un en Ruum to'n Sitten un Billardspelen. Över de Kark köönt Schippslüüd un Lasterfohrers ok noch över Nacht blieben. De twete Egenoort is, dat se vun Sweden bruukt warrt. Inricht is dat allens för Seelüüd un Touristen, de hier anlannen doot un en beten Heimatluft rüken wüllt. De sweedsche Gemeend, de mit 2000 bit 3000 Lüüd in Hamborg sitten deit, hett hier ok ehr Tohuus funnen. Jeden Sünndag warrt Gottesdeenst in sweedsche Sprook holen.

In düsse Stroot liggt all veer skandinoovsche Seemannsmissionen. Man wenn wi mit düsse Kark dör sünd, gifft dat eerstmol en lütte Paus. Dor gifft dat en ganze Reeg portugiessche Cafés un Restaurants.

Sweedsche Seemannskark an de Ditmar-Koel-Stroot

DAT „PORTUGIESENVIERTEL"

→ Ditmar-Koel-Straße/Rambachstraße

An de Ditmar-Koel-Stroot un de lütten Strooten ümto hett en ganzen Dutt Restaurants un Cafés opmookt. Tosomen sünd dat 12 Restaurants, de hier allens, wat de portugiessche Köök to beden hett, op den Disch bringt. Dat Eten hett dat in sik: deftig un goot. Wo so veel dorvun ut't Woter kümmt, is dat vun uns Oort to koken gor nich so wiet weg. Wenn Se dat noch nich utprobeert hebbt, mookt Se dat man mol. Appetit kriggst du al, wenn du bi't Bummeln en beten de Nääs open holen deist.

Bobenan natüürlich Fisch. De smeckt so dicht bi't Woter jümmers an'n besten, eendoont, wo he her kümmt. Ober ok to'n Kaffedrinken lohnt sik dat, in düt Quarteer gau mol no Portugal to verswinnen. De Backworen, de dat hier geben deit, sünd de Reis op jeden Fall weert. Puddingtörtchen, de „Natas" heet (dat mutt man sik marken!), Hörnchen mit un ohn wat binnen, un dorto en schöne Tass Melkkaffe, hellbruun un stark. Vun düsse Schätze ut de Backstuuv hoolt de Hamborgers middewiel jüst so veel as de Portugiesen. Vun Fröhjohr an, wenn de eersten Sünnenstrohlen de Lüüd ut de Hüüs hoolt, bit to'n Harvst sitt se överall buten in de Strotencafés, loot sik de Sünn op't Lief schienen un loot sik düt „söte Leben" gefallen.

Lütt beten Portugal, ünnen an'n Hoben

2004 hebbt to de portugiessche Gemeend in Hamborg 9180 Lüüd tohöört. Dat is een vun de gröttsten överhaupt in't Butenland.

Nu geiht dat Slag op Slag. En Kark no de anner. Ut de 1960er Johren is de finnsche Seemannskark in de Ditmar-Koel-Stroot 6. So as de annern Seemannsmissionen is ok de finnsche nich blots för de Seelüüd, nee, de is ok för de finnsche Gemeend in Hamborg tostännig. Richtig bekannt is se worrn mit ehren Wiehnachtsbasar, den se tohoop mit de annern skandinoovschen Karken in de Adventstiet opstellen deit. De Wiehnachtsbasare bringt vele Minschen vun wiet weg no Hamborg. De Karken un Gemeendhüüs sünd denn egoolweg proppenvull. Man wo anners kann

Nobers: de Norweger-Kark un de Michel

een noch so exootsche Freiden as Rentierfleesch krie-
gen? De fröh noog kümmt, hett en Schangs, dat he
wat afkriggt.
De Karken vun Norwegen un Däänmark sünd de
Afsluss.

Siet 1907 gifft dat en norweegschen Seemannspaster
in Hamborg. De eerste Kark dorto keem 1936 ach-
terno. Dat Boowark an de Ditmar-Koel-Stroot is vun
1959. Un eenfach mol wedder de Nees in en Zeitung
vun to Huus steken oder ok man blots en poor lütte
Soken vun dor üm sik rüm to hebben, kann al en
beten gegen dat Heimweh anhelpen.

Düütschland sien nördlichen Nober hett sien See-
mannskark vun 1952 direkt blangenan. De däänsche

Nich blots för Seelüüd, en Kark för all Dänen

St.-Benedikt-Kark stüert al lang nich mehr blots See-lüüd an. Hierhen kümmt ok de däänsche Gemeend vun de Stadt.

En ganz wichtige Opgoov, de vundoog to de See-mannsmissionen tohören deit, is, dat de Seemanns-pasters ok de Scheep besöökt. Meist keen Schipp liggt jo länger as een Dag in'n Hoben, männichmol ok man blots en poor Stünnen. Dor lohnt de Fohrt in de Stadt rin gor nich mehr. Dorüm is jümehr See-mannspaster oft dat enzige Stück Hamborg, wat de Schippslüüd – den Hoben mol utnohmen – to sehen kriegt.

Kantüffeln, Pökelfleesch, Rode Beet, Gurken un Zwiebeln un boben op Spegelei un Hering. Wo veel vun wat, warrt nich verroden. För sien Labskaus is de Old Commercial Room so bekannt, dat dat sogor in Dosen affüllt un üm de Welt schickt warrt. Hier kannst du, wenn ok nich ganz billig, eten, wat vun je her den Hanseoten-Buuk vull mookt hett: Matjes mit Kantüffeln un Hambor-ger Pannfisch. Old Commercial Room, Englische Planke 10, 20459 Hamburg, Tel. (0 40) 36 63 19.

DE MICHEL

→ Schaarmarkt/dat Stück vör Gruner & Jahr

Düsse lütte Riemel bringt de Verhältnisse in't ole
Hamborg op den Punkt:

Sankt Petri de Rieken, Sankt Nikolai desglieken,
Sankt Catharinen de Sturen, Sankt Jakobi de Buren,
Sankt Michaelis de Armen, daröver mag sick Gott
erbarmen.

Geschicht: Vun de fief Hauptkarken is de Michel de
jüngste. Boot worrn is he as de Gemeendekark för de
Neestadt, de eerst 1620 mit den nee'en Wallring to
Hamborg dorto keem. Dat geev woll en lütte Kapell,
noch as de Neestadt vör den olen Wall leeg, man de
reck al lang nich mehr un weer to'n Gottesdeenst
proppenvull. Dat nee'e Quarteer, wo mehrstendeels
arme Lüüd wohnen deen, bruuk en gröttere Kark.
Dat weer de Vörgänger vun den hütigen Michel,
de eerste Michaeliskark. Man blots knapp 100 Johr
stünn de Herrlichkeit. 1750 hett ehr de Blitz dropen,
un se brenn heel un deel dool.

De Opdrag, en nee'e Kark to boen, güng an twee
Boomeester, Johann Leonhard Prey un Ernst Georg
Sonnin. Vun Anfang an weern sik de beiden nich
grön un dat duer nich lang, dat sik Sonnin un Prey
bannig in de Wull kregen. Dor hett dat wiss ok an le-

Twee Slag Bookunst in een Kark vermengeleert: de Michel

Twee Wohrteken: de Rickmer Rickmers un de Michel

gen, worüm sik de Neeboo 36 Johr lang hentrecken dee. Man as 1786 endlich ok Sonnin sien Torn stünn, weer dat vergeten – jüst so as sien Kolleeg Prey, de weer al 1752 doot bleben un för en lange Tiet harr em keeneen mehr op de Reken. Op jeden Fall stünn nu op den Geesthang in de Hamborger Neestadt een vun de schöönsten un wichtigsten Karken vun den Protestantismus överhaupt.

Dat nächste Mol brenn de Michaeliskark bi en Füer 1906, dat loosgüng, as se dor an't Repareren weern, bit op de Muern dool. De grötste Deel weer toschann gohn – un foorts güng de Striet los, wo se ehr wedder opboen schulln: as en ganz nee Boowark (so harrn sik dat de Architekten un Künstlers vörstellt) hoochtrecken oder (un dor stünnen Senoot, Börgerschaft un de mehrsten Lüüd achter) den olen

Dat Karkenschipp ut de lote Barock-Tiet

Michel wedder so henkriegen, as he vörher dor stohn hett.

To'n eersten Mol weer nu de Reed dorvun, dat de Michel as dat Wohrteken vun Hamborg gellen kunn. Sünnerlich den Torn hebbt de Minschen as en Kennteken för de ganze Stadt ankeken un se wullen em op'n Punkt jüst so wedder hebben.

Dorbi warrt een al bi dat eerste Henkieken wies, dat dat nich recht tosomenpassen deit. Op de een Siet dat Schipp mit siene elegante, meist runne Form, de hogen, swungen Finster un dat gröne Kopperdack is in de lote Barocktiet boot woorn. Dorneben süht de gewaltige, veereckige Torn mit de runne Kapp en beten as en Rakeet ut – dat liggt an den Klassizismus. So lang hebbt se an em boot, dat de Tiet över den Barock weglopen weer; en Torn bruken se ober liekers, un so is dor düsse aparte Michel-Mischung bi ruutsuert.

Twee Tieden, twee Oorten to boen, twee Boomeester tosomen in en Kark. Mag ween un dat is jüst düsse Egenoort, de dat de Hamborgers so andoon hett.

Dat Wohrteken: Egentlich is blots de Torn dat Wohrteken vun Hamborg; as en Kroon stoht de Sülen ganz boben eenmol rundüm un geevt em sien besünner Utsehn – den kann keeneen verwesseln. He is 132 m hooch, un 82 m över dat Plooster liggt de

Utkiek. Vun hier ut kann een bi gode Sicht över de halbe Stadt, Alster un Elv henkieken.

De ganze Kark is ober nich blots en besünner Boodenkmool, nee, de Torn is ok en Seeteken. Dat eerste, wat een in fröhere Tieden vun See ut vun Hamborg sehn kunn, un ok dat letzt, wenn dat wedder op de Reis güng.

Ober mehr as dat hett sik in Hamborg an de Wenn vun dat 19. no dat 20. Johrhunnert ännert. Stück för Stück verswunn de ole Stadt mit ehr Fachwarkhüüs, de lütten smallen Stroten un Hööf, wo se „Gängeviertel" to sään. Al 1901 harrn se anfungen, de Gänge rund üm den Michel dooltorieten. De annern olen Fachwarkviertel üm St. Jakobi un St. Petri stünnen ok al ganz boben op de List vun dat, wat weg schull. Op de anner Siet hebbt sik de Arbeiter- un Börgerstadtdele no alle Kanten utbreedt. Hammerbrook un Barmbek, Eppendörp un Winterhude weern eben noch lütte Buerndörper buten de Wallanlogen vun de Stadt, un nu worrn se in en poor Johr Stadtdele vun Hamborg. De Lüüd weern bang, se kunnen bald jümehr egen Stadt nich mehr wedder kennen. So seeg dat ut, as 1906 de Michel brennen dee. Ok dat ganze Nee'e weer för de Hamborgers en wichtigen Grund, em wedder so optoboen as vörher: as en Dinkmol, as en Stück vun dat ole Hamborg. En Hoolfast bi all den Wessel in de nee'e Stadt.

Vun buten schull sik nix ännern un 1912 stünn ok wedder de nee „ole" Torn, man dütmol ut Stohl un

Beton – se weern doch to bang vör en nee Füer. Binnen ober hebbt se düchtig toleggt. Noch mehr Gold un Marmor, noch rieker as vörher weer de Kark. Un bobenup geev dat noch en Orgel mit mehr as 12.000 Piepen: to de Tiet de gröttste woll in de ganze grote Welt.

Düsse Michel heel bit to den Tweten Weltkrieg. Denn hebbt Bomben de Kark tweismeten, blots de Torn bleev stohn. Vundoog süht se vun de Butenkant noch jüst so ut as vörher, ober de Binnenruum fallt eenfacher ut.

Binnen: Ok för de, de sik den Michel al öfter bekeken hebbt, is de Binnenkant noch jümmers en Beleevnis, meist en lütt Wunner ut Licht, Form un Farv. Dör de groten, breden Finster fallt veel Licht in dat Karkenschipp, dat de hellen Farben, den Marmor un dat Gold binnen to'n Lüchten bringt. Tosomen mit de swungen Emporen un de gewaltige hoge Deek, de op blots veer grote Sülen liggen deit, kümmt een dat so vör, as wöör de Ruum sweben, so licht un wiet is allens.

De Empore över den Hauptingang driggt de grote Orgel. Se hett 6666 Piepen un is vundoog no de in den Dom vun Passau de tweetgröttste in Düütschland.

Ganz no protestantsche Oort un Wies sünd de Bänk op de Kanzel utricht, un nich op den Altar. Op de Predigt schüllt de Minschen luern. Un dat dat ok

De hillige Michael mit den Dübel ünner de Fööt

wat to'n Henkieken is, steiht de stootsche Kanzel ut verscheden Slag Marmor midden in den Karkenruum. De Altar wiest Jesus, as he to Ostern wedder opstohn is.

De Gruft: Vun de Ingangsdeel ut föhrt en Trepp hendool no de Gruft. Kotte Steensülen drääigt dat siede Gewölv vun düsse ganz egene un wunnerliche „Michel-Ünnerwelt". Ünner dat Karkenschipp liggt de Binnenstadt ehren gröttsten Karkhoff. För vele Hamborgers harr dat en hogen Stellenweert, sik hier begroben to loten. Dorüm liggt se hier in Schichten, een över den annern weg. An't Enn weern dat bi 2200 Lüüd. De Rieken hebbt en Vermögen för en grote Graffsteed betohlt, eerst vun dat Geld is de Boo vun de Kark denn möglich worrn. Ok de nich so veel harrn, hebbt düchtig betohlt, ok wenn dat bi de man blots för en Graff an de Kant langt hett.

Ok Persöönlichkeiten mit en groten Noom sünd hier to finnen, so as Karl Philipp Emanuel Bach, en Söhn vun Johann Sebastian Bach. He weer vun 1768 bit to sien Dood 1788 Karkenmusikmester in Hamborg. Sien direkten Nober is Sonnin, de een vun de beiden Michel-Boomesters. Vundoog kann een hier in düssen ganz besünneren Ruum Konzerte toluustern.

DE KRAMERAMTSSTUBEN

→ In den Binnenhoff vun de Krameramts-
wohnungen, Krayenkamp 10

As en lütt vergeten Insel, överbleven ut Hamborg
sien Geschicht, drückt sik de Krameramtsstuben
achter den Michel, midden in de moderne Groot-
stadt. Wohrraftig höört se to de öllsten Stroten in
de Stadt. Un se sünd ok de letzte Old-Hamborger
Wohnhoff, de eenmol so typisch för de Stadt weern.
Se hebbt Füer, Krieg un dat grote Afrieten in de
1950er un 1960er Johr överstohn. Boot worrn de

Butenkant vun de Kramerstuben

Besökers un Hamborgers möögt den lütten Gang geern

Fachwarkhüüs 1676 vun dat Krameramt, en Gill vun lütte Kooplüüd un Höker („Kramer" heet op Hooch „Krämer", un „Amt" is dat plattdüütsche Woort för „Zunft"), de mit Seide, Gewürzen un Iesen hannelt hebbt. In de 20 Freewohnungen sünd Wittfroen vun jümehr Zunft introcken, wenn ehr Mannslüüd storben weern un se Platz moken müssen för den Nofolger in't Geschäft. De Krameramtsstuben sünd so wat as en Vörlöper twüschen de Bedrievsrente un en Sozialwohnung. Bit 1866 hett dat so lopen. Wenn een sik ankieken deit, wo small un eng de Stroot hier is, kriggt man en Indruck vun dat Leben in dat ole Hamborg. Dicht op dicht seten de Lüüd in de Wohnhööv, vele Stroten un Gängen weern nich breder, as dat man een Minsch dor dörgohn kunn. De „Gegenvekehr" müss solang töben. „Breed as en Sarg mütt en Gang ween", heet dat in en Snack ut fröhere Tieden.

De, de nix anneres över bleev, kunnen dat ok vun de praktische Siet ut bekieken: „Wenn he hier mit en Hoorbüdel (dat is en Duuntje) dör kümmt, kann he mi tominnst nich ümfallen", sä de Arbeiterfro, de ehren Mann op den Weg no Huus dör de smallen, engen Stroten dör müss. Vergleken dormit sünd de Krameramtsstuben meist noch en richtigen Boulevard. Hier hebbt Lüüd wohnt, de al en beten wat an de Fööt harrn.

Man ok binnen weer de Platz eher knapp. Lütt as en Poppenstuuv, in de du di knapp dreihen kannst,

Krameramtsstuben: en lütte Insel vun't ole in't nee Hamborg

sünd de Wohnungen. Een is jüst so torecht mookt, as dat 1850 ween is, dat kann sik ok jeedeen bekieken, as Aflegger vun dat Hamborg-Museum. Bit de Hüüs 1968 wedder schier mookt worrn sünd, weern in de Wohnungen ole Lüüd ünnerbröcht, wenn dat ok in düsse Tiet keene Kramer-Wittfroen mehr weern. Loter hören denn ok twee Etooschen to en Wohnung.

En Besünnerheit sünd de hogen, in sik dreihten Schosteen. Düsse vigeliensche Technik lett de Funken, de no boben fleegt, op ehrn Weg verglöhen, se köönt also nich mehr op de fröher mit Stroh un Reet indeekten Däcker fallen un womööglich dat ganze Huus afbrennen.

Krameramtswohnungen
Krayenkamp 10
20459 Hamburg
De Museumswohnung is open vun April bit November,
Deensdag bit Sünndag vun Klock teihn bit Klock fief
nomiddags.

Den Platz geiht dat nu wedder dool Richtung dat grote Verlagshuus vun Gruner & Jahr.

Gruner & Jahr

→ Schaarsteinweg/dat Stück vör Gruner & Jahr

Dat is de gröttste düütsche Zeitungsverlag. 283 Blä-
der in alle Welt höört dorto. Mit de bekanntesten in
Düütschland sünd de Stern, Brigitte un Geo.

Mit dat Boowark hebbt se an't Enn vun de 1980er
Johren anfungen, 1990 weer dat trecht. De Idee liggt
op de Hand: De runnen Bullogen sünd vun Scheep
afkeken, jüst so as de Stiegen mit jümehr Gelänner
an de Sieden, de no Gangways utsehen doot. Man
ok de Boowies vun Warften finnt sik hier wedder.

Gruner & Jahr is dat gröttste düütsche Verlagshuus

Füerwach an'n Schaarsteinweg

Hier koomt Alster un Elv tohoop

Wenn een in de Mitt dör geiht, warrt een noch en anner Idee wies. Lütte, smalle Wegen loopt twüschen de enkelten Boowarken dör. Dat speelt op de engen Stroten un Stiegen vun dat Gängeviertel an, dat bit üm 1900 hier stünn.

→ Schaarsteinweg Schartor

Up de linke Kant sühst du nu de Füerwach an de Admiralitätsstroot. De hogen, smucken Gebeln schüllt so en beten an de ole Hamborger Boowies dinken loten. Dat Huus is vun 1905/06.

Vun links kümmt de Alster, de ehr Reis nu to Enn is. Eher dat se hier in de Elv löppt, hett se 53 km dör den Süden vun Schleswig-Holsteen un den Norden vun Hamborg achter sik bröcht. De Quell liggt in Henstedt-Ulzborg. Över twee Slüsen – de eene is jüst ünnen weg, de anner an de lütte Alster bi dat Roothuus – warrt se opstaut: dat Elvwoter kann nich rinlopen un dat Alsterwoter püttjert sutje rut.

Links dükert in verscheden Slag Blau dat „Stella-Huus" op, mit lütte Dekoratschoons-Stockwarken as so en Kroon bobenup.

De Weg an de Hobenkant löppt rechts an den olen Hamborger Binnenhoben langs, wo vundoog man blots noch en poor Barkassen fastmookt sünd. Hier, wo Alster un Elv tosomenfleet, weer över lange Tiet de Steed, wo de Scheep ankomen sünd. De Noom „Niederbaumbrücke" lett uns hüüt noch doran dinken. Mit en gewaltigen Boomstamm, för den se en poor Mannslüüd bruukt hebbt, üm em to rieten, kunn de Infohrt no den Hoben op un to mookt warrn. Dormit kunnen sik de Hamborgers in frö- here Tieden Besökers, de se nich inloodt harrn, as Seeröbers oder de däänsche König, vun't Liev holen. Mit de grote Festungsanloog (1615–26) hebbt se den Binnenhoben denn ok no de Woterkant hen seker mookt. Rin keem blots noch, de ok rin dröff.

Rechts över de Footgängerbrüch no de Spieker- stadt to.

En beten as en Damper dücht di dat Stella-Huus

Spiekerhuus vun ünnen, as wörr dor en Pogg op kieken

DE SPIEKERSTADT

Woans allens anfüng: Hamborg to'n Mitdoon in't Düütsche Riek to kriegen, weer nich so licht to. Striet geev dat vör allen – woans schall dat ok anners ween hebben – üm den Hannel. As dat Riek 1871 grünnt worrn is, güng dat al los, man so richtig in de Kniep kemen de Hanseoten eerst in de 1880er Johren. Meist in een Tour legen sik nu de Hamborger Senoot (toeerst mit Börgermeister Kirchenpauer un denn mit sien Nofolger Johannes Versmann vörweg) op de een Kant un Bismarck op de anner in de Hoor. Mit jede nee'e Runn wöör dat för de Hambor-

Tollkonol un Spiekerstadt

ger Sook vigelienscher, denn wokeen de Bobenhand kriegen wöör, dat weer kloor. Man wo güng dat akroot üm? Ene heel ole Geschicht, de wiet trüchlangen deit in't Mittelöller, in't Johr 1189, wo Hamborg dat Freehannels-Privileg för de ganze Ünnerelv bit no de Nordsee vun Kaiser Barbarossa verlehnt kreeg. Oder anners utdrückt: De Hamborger Kooplüüd müssen keen Toll op jümehr Woren betohlen, op de Elv nich un ok nich in de Stadt, wat den Hannel veel wat lichter mook. Jümmers wenn dat Theoter mit Königen oder Fürsten üm den Freehannel geev – un dat passeer nich wenig, denn de weern scharp op dat Geld ut Stüern un Toll –, hebbt de Hamborgers de ole Barbarossa-Urkunn, mit rieklich rode Seegel ünnen an, vörleggt, üm dat Recht op Tollfreeheit to wiesen. Hüüt weet man, dat sik de Hamborgers düsse Urkunn sülbst mookt hebbt (→ Dat ole Hart vun de Stadt).

So hebbt de Pepersäck dat bit 1800 togang kregen, dat nich blots de Ünnerelv, sünnern ok de gröttste Deel vun ganze Stadt ünner de Tollfreeheit fullen is. Op düssen gewaltigen „Bodderdamper" seten se as Toll-Butenlanners midden Düütschland, as nu Bismarck, suutje un klook as en Voss, dat Düütsche Riek tosomenschoostern dee. Den Kanzler weer dat natüürlich ganz un gor nich no de Mütz, he wull för de Hamborgers keen Extrawuss broden. Lange Tiet güng dat noch op un dool mit Klogen vör den Bundesroot, lange Breven un luut Preestern vun beide

All Logerhüüs hebbt en Land- un en Woterkant

Sieden. 1881 sünd se sik denn enig worrn, un dat seeg för Hamborg nich slecht ut: en groot Deel vun den Hoben schull tollfree blieben un bit 1888, den endgültigen Tollkontrakt, to'n Freehoben warrn. Man kunn op düsse Oort ok in tokomen Tieden ohn Toll un vigelienschen Rekenkroom mit den Hannel wiedermoken.

Nu harrn se dat hild in de Hansestadt, de Tiet leep, un in söben Johr müssen de Woren, de nu noch överall in de Binnenstadt in Spieker- un Koopmannshüüs legen (→ Diekstroot), in den nee'en Freehoben ünnerbröcht warrn. Spiekerhüüs müssen boot warrn, un dat nich to knapp, üm all de Soken ut de Stadt los to warrn. Un en anner Probleem geev dat noch: Op de Insel, wo düsse Stadt ut Spieker un Logerhüüs opboot warrn schull, stünn al en ganzen Stadtdeel, dat Kehrwieder-Wandrahmviertel, mit mehr as 20.000 Inwohners. De hebbt se eerst mol basch mit Sack un Pack an de Luft sett, vele harrn toeerst nich mol en Dack över'n Kopp. En gewaltigen Tog Minschen mook sik op den Weg, üm jichenswo in de Binnenstadt ünnertokrupen. As de Bewohners weg weern, güng dat an de Boowarken, dorünner weern vele stootsche Koopmanshüüs ut'n Barock un ut de Renaissance, de mit jümehr hoge Gebeln an de Fleten en beten as de Hüüs an de Grachten in Amsterdam utsehen deen. So gau as dat güng, müssen de nu ümkippt warrn, üm för de Spiekerstadt un den Freehannel Platz to moken. So güng in korte Tiet een vun Hamborg siene smuckten olen Stadtdelen ünner. Un en anner Wunnerwark keem dorför op.

Afrieten, Plattmoken un nee Boen – un allens to de sülbige Tiet, un denn müss allens fix gohn, dat weer keen lichte Opgoov un bruuk en kloken Kopp vörn weg – en as den Oberingenieur Franz Andreas Meyer, de mit 34 Johr al Direkter vun de „Baudeputation" weer – en Överfleger, as man hüüt seggen wöör. Em mook de Senoot to den Boos vun dat Boo-Ünnernehmen, heel dorbi ober de böverste Opsicht sülbst in de Hand. Denn güng dat Boen los: in veer Törns, vun de de eerste bit 1888 fardig wesen müss,

Söben Etooschen över'nannner: Logerhuus in de Spieker-stadt

denn de Hanseoten harrn jo dat Riek, Bismarck un den Tollkontrakt in den Nack sitten.

Meyer harr sien Handwark un siene Sicht op Kunst in Hannober vun Perfesser Haase (1818–1902) lehrt. Vun em hett he sik ok de Lust an't Middelöller afkeken, vör allen an de nordüütsche Backsteen-Gotik. Dat kann een noch hüüt dor rutkennen, wenn een dör de Stroten un an de Fleten langs löppt un sik de hogen smucken Gebel, Tinnen un lütten Torns bekieken deit, de jümmers so'n beten an de Ooltstadt vun Lübeck oder Lüünborg dinken loot. Dat lett meist, as wenn sik de Hamborgers mit de Spiekerstadt en lütt Deel vun dat ole Gesicht vun jümehr Stadt wedder torüchholen wullen. Un nich anners is dat ok ween. Meyer hett en lütt Stück Middelöller wedder opstohn loten, wo egentlich allens vernünftig, praktisch un modern ween schull. Spiekerhüüs schullen dat jo ween, to't Logern vun Woor, technisch op den neesten Stand, Boowarken to'n Bruken, un wieder nix. De harr man veel billiger hebben kunnt, ohn all den smucken Speelkroom, de Hoken un Ösen op't Dack un an Ecken un Kanten – vör allen in en Koopmannsstadt, wo een dat Reken in de Weeg leggt weer. Ober hier slöög dat Heimweh dör no dat ole Hamborg, dat nich mehr dor weer. Un mag ween, dor keem ok en beten dat slechte Geweten dör för dat, wat ünner de Spiekerstadt begroben leeg.

De Wannen sünd en halben Meter dick, üm de Woren, de hier logert warrt, dröög un bi de rich-

tige Warms to holen. Hier gifft dat kene Klimaan-
loog un kene Füerung, un liekers warrt dat in de
Böhns – de Etooschen heet hier so – nie so koolt,
dat dat freren deit. In'n Sommer is dat binnen in
de Hüüs köhl. De Spiekerhüüs sünd egentlich en
Vörlöper vun dat, wat een hüüt „Passivhuus" nö-
men deit. En (Wohn-)Huus, wat so warm inpackt
is, dat dat ok op'n Winterdag ohn Füerung utkomen
deit – ok wenn en Perserteppich nich so gau früst
un he dat ok nich so mollig hebben mutt as wi in
uns Wohnstuuv.

310.000 m² Logerfläche harr de Spiekerstadt mol.
Man vun düsse gewaltige Kapazität is en ganzen
Barg in den Krieg toschannen gohn un no den twe-
ten Weltkrieg hebbt se dat nich wedder opboot.

Vun Quarteerslüüd un Consorten: Af un an kann
een an de roten Muern in gullen Bookstoben Nooms
lesen mit en „Cons" dorachter. Dat sünd de Quar-
teerslüüd, de hier fröher togang weern, en Hambor-
ger Besünnerheit.

Wo genau dat Woort her kümmt, weet nüms so
recht. Geben deit dat dat al lange Tiet. Dor steekt
de latiensche Tall „quartor" för „veer" binnen. Also:
jümmers veer Mann sluut sik tosomen, un de öllste
vun jüm schrifft sien Noom an de Wand. To'n Bispill
„Ockelmann". De dree jüngeren warrt nich nöömt,
blievt de stillen Deelhebbers un sünd denn de
„Cons", de „Consorten". Tosomen warrt dor denn

In een vun de olen Hüüs: dat Spiekerstadtmuseum

„Ockelmann un Cons" vun. Quarteerslüüd sünd nich eenfach blots Logerarbeiters in'n Hoben. Se weern Logerfachlüüd un harrn vun de verscheden Oorten Woor teemlich veel Ohnung – se wüssen, woans se packt un stopelt warrn mööt, wat se verdrägen köönt un wat nich. Wat een to doon harr, dat de Kaffe nich no Kaneel smeckt un de Safran loter blots den Koken, un nich den düren Perserteppich blangenan geel mookt, allens dat wüssen se. Vundoog sünd se meist utstorben, jümehr Nofolgers nöömt sik nu „Seegüterkontrolleure". In de groten Tieden vun de Spiekerstadt weern de Quarteerslüüd sülbststännig un harrn jümehr egen Logerböhn hüert. De Koopmann keem denn no jüm un geev siene Woor to truen Hannen bi jüm af (Kiek ok in't Wöörbook bi → Uznoom).

→ Kehrwieder langs

Een Johrhunnert lang weer de Spiekerstadt Logerstadt. Toeerst op Koorn un Schuten, loter denn mit Lastwogen hebbt se de Woren an- un aftranporteert. Jeedeen Bedriev, de hier intrecken wull, müss wat mit Hoben un Hannel to doon hebben. Un wenn een de Quarteerslüüd, Logerarbeiter un Kooplüüd, de hier togang weern, nich mitrekent, weer de Stadtdeel minschenleer. Utwärtige Besöker hebbt sik meist gor nich no hier verlopen un ok Hambogers dreep een selten in de Spiekerstadt. Dat hett sik eerst in de letzten Johren ännert, as se 2002 de Tollgrenz ümleggt hebbt. Sietdem de Spiekerstadt rut is ut den Freehoben, nich mehr blots Worenloger is un de Ünnernehmen hier lang nich mehr all mit den Hoben un den Hannel tosomenhangt, sünd hier mehr Lüüd ünnerwegens. Besünners an de Wekenennen treckt en Barg Minschen dör de Stroten, över de Brüchen un langs de Fleten. Vör allen üm de Stroten „Kehrwieder" un „Auf dem Sande" is düchtig wat los. Dor hett sik op de rechte Kant toeerst de Stage-Holding,

Schummertiet in de Spiekerstadt

de vun hier ut ehr Musicals regeln deit – in Hamborg sünd dat in'n Momang to'n Bispill „König der Löwen" un „Dirty Dancing" – un de School, de dat nee'e Personool dat Danzen bibringt, de „Joop van den Ende-Academie", inloscheert.

Denn kümmt de „Kaffeerösterei" an de Reeg. En echten Tipp. De söökt ehrn Kaffe sülbst ut un holt em över dat Füer. Dat smeckt un rückt een ok. Hier sünd egoolweg verscheden Slag Bohnen in't Angebot ut all de groten Kaffegegenden op de Welt. Gode Kontakten gifft dat vör allen mit Kolumbien. De Kaffe is en echt Beleevnis – schood man blots, dat dat „Fair Hannelt" fehlen deit.

Speicherstadt Kaffeerösterei
Kehrwieder 5
20457 Hamburg
Tel.: (0 40) 31 81 61 61
(www.speicherstadt-kaffee.de)
Open jeden Dag vun Klock 10 bit 7 obends.

Dat „Modelleisenbahn Wunderland" is al in Stadt un Land bekannt. Dat mookt nich blots op de groten un lütten Bohnwärters Indruck, de geern to Huus op jümehrn Footbodden rümkruupt un den Verkehr regelt. Dat is sachs för all wat. In dat Spiekerhuus töövt op den Besöker ene gewaltige Landschaft mit lütte Städter, Bargen un Woter un vör allen Dingen Iesenbohnen, de nich stillstoht. Genau henkieken lohnt sik, denn de lüerlütten Figuren sünd mit so veel Plie torecht mookt, dat jeedeen sien egen Gesicht afkregen hett.

Miniaturwunderland Hamburg
im Kultur & Gewerbespeicher Kehrwieder 2
Block D
20457 Hamburg
Tel.: (0 40) 30 06 80-0
(www.miniatur-wunderland.de)

De Nober links dorvun is dat „Hamburg Dungeon". En Geisterbohn, ut Katastrophen vun Hamborg siene Geschicht tosomenschoostert: Hoochwoter, de Grote Brand un Störtebeker sien Kopp-af-Geschicht – se schüllt de Lüüd schuern moken.

Hamburg Dungeon
Kehrwieder 2
20457 Hamburg
Tel.: (0 40) 36 00 55 00
Open jeden Dag vun Klock 11 bit 6 obends
(Juni bit August vun Klock 10)
(www.hamburgdungeon.com)

Wieder geiht dat över de Brüch no dat Ketelhuus. Nich to översehn is dat eher lütte Boowark op de linke Kant mit sien gewaltigen Schosteen, vun den de böverste Deel man blots noch en iesern Gerüst is. In fröhere Tieden weer dat dat technische Hart vun

Fröher seet in't Ketelhuus de Spiekerstadt ehr ganze Knööf

de Spiekerstadt. Hier, wo de „Centralmaschinensta-
tion" seet un de Dampmaschinen stünnen, mit de de
Seilwinschen vun all de Logerhüüs bedreben worrn
sünd. Hier brumm dat den ganzen Dag. Ok nu is dor
wedder düchtig wat los: wo fröher de Maschinen
dunnern un snuben deen, loopt hüüt Besöker, de op
den 104. Hamborger Stadtdeel, de Hobencity nee-
schierig sünd. Kümmt een no de Döör rin, liggt links
in de Deel de nee'en Heften ut, de dat Ünnernehmen
vörstellt. Dat lohnt sik, so een mol mittonehmen un
rintokieken. Denn geiht een links üm de Eck, kladdert
en iesern Trepp hooch, op en smallen Stieg, de in en
lütten runnen, opmuerten Ruum föhrt. Eerst wenn

du no boben kieken deist, in de lange, hoge Röhr, warrst du wies, dat du midden in den olen Schosteen steihst. En poor Pedd wieder langs kümmt de ganze tokomen Stadtdeel op den Disch. As hölten Modell in't Verhältnis 1 : 1500 is dor de „Hafencity" al mal opboot. Ok Dele vun de Binnenstadt sünd dor mit op, de wiesen schüllt, wo groot dat ganze Ünnernehmen warrn schall. 155 Hektar vun den fröheren Industriehoben sünd inploont. Hier schüllt 12.000 Minschen leben un 40.000 arbeiten. Dor hebbt se sik düchtig wat vörnohmen. Eerst wenn allens trecht is, warrt wi genau weten, wat dorvun worrn is. 2025 is dat so wiet.

Ploont warrt de Hobencity siet 1997. Hoochtrocken warrt se op en Stück Land, wat fröher de Hoben ween is, dat hüüt ober dorför nich mehr bruukt warrn kann. Op düsse Kant is de Elv för de groten Containerscheep nämlich nich mehr deep noog. De ole Elvtunnel is hier as so'n Muuslock – tominst bi Ebb köönt se nich wedder trüch (→ Lannungsbrücken). So keem de Idee op, dat Stück Land, wo vörher Scheep an- un afleggen deen, ümtowanneln in en Stadtdeel mit Büros, Lodengeschäften un Wohnhüüs.

HafenCity Info Center im Kesselhaus
Am Sandtorkai 30
Open: Deensdag bit Sünndag vun Klock 10 bit 6
Tel.: (0 40) 36 90 17 99
(www.hafencity.com)

Gegenöver stoht se al, de eersten Hüüs vun de nee'e Stadt in't Woter. De sünd trecht un allerhand Mieters sünd intrucken. Löppst du den Sandtorkai an de Woterkant langs, hangt de Hüüs hier över den Footstieg. De Hobencity kriggt meist teihn Kilometer Weg blangen dat Woter. All Boowarken sünd vun en anner Architektenbüro utklamüstert, dat dat man blots nich allens no en Slag warrt un langwielig utsüht. Dat warrst du ok gewohr, wenn du di jüm en beten genauer bekieken deist – elkeen Huus hett en anner Gesicht. En beten wat vun Containers, de op en Schipp een över den annern stopelt sünd, hett to'n Bispill dat China-Shipping-Huus (Sandtorkai 60) mit siene roten Stohldrägers to'n Fastmaken ümto. De Weg löppt liek op de „Magellan-Terrassen" to. Jümehrn Noom hebbt se vun den portugiesschen Seefohrer, de vör meist fiefhunnert Johr den Weg twüschen de süüdliche Spitz vun Südameriko un Füerland funnen hett.

De Sandtorhoben, dat öllste Hobenbecken vun Hamborg, hebbt se al 1866 för Segelscheep, de hier direkt anleggen kunnen, utbuddelt. No en Johrhunnert Paus loot sik hier wedder Traditschoons-Seglers sehn: den Museumshoben gifft dat siet Harvst 2008.

Kiekst du över dat Woter, sühst du op de anner Siet den Dalmannkai. Dor stoht mehrstendeels Wohnhüüs. Ok hier sünd de Boowarken wedder mol so, mol so, opsett vun ünnerschedliche Boomeester.

De Hobencity: Över de Magellan-Terrassen keken

Vun apart bit langwielig kannst hier allens finnen. En Barg Ideen sünd op jeden Fall tohoop komen.

De Priesen to'n Hüern hebbt dat in sik. Se liggt nu in den Dörsnitt bi 18 Euro för den m^2. Wenn een dat köpen will, schall dat losgohn mit 2.900 un opholen deit dat eerst bi 8000 Euro för den Quadrootmeter.

Wenn du bi de Magellan-Terrassen ankomen büst, kannst du di verpuusten un wunnerbor över den Sandtorkai kieken. An't Enn vun den Dalman-kai steiht nu de „Kaispeicher A", in de 1960er Johren hett de Hamborger Architekt Werner Kallmorgen em boot. Dat ole Spiekerhuus kriggt nu bobenup

Platz för Seelüüd: De Marco-Polo-Terrassen

en gewaltige Konstruktschoon ut Glas opsett. Dat
warrt bilütten de Elbphilharmonie. Man nich blots
twee Konzertkomern, een för över 2100, de annere
för 550 Tohörers koommt dor mit rin. Ok en Fief-
sterne-Hotel un 45 Wohnungen treckt mit ünner de
Glashuuv. De schall vun den Footbodden bit no't
Topp 107 Meter hooch warrn. Op dat Dack süht dat
düchtig no Wellengang ut. Kallmorgen sien Loger-
huus nehmt se as dat Parkhuus vun dat ganze Ün-
nernehmen. Twüschen den Backsteensockel un dat
Boowark ut Glas kümmt en Platz hen, de för Jan un
Allemann ween schall. Man mit de 245 Millionen

Euro, de se toeerst taxeert hebbt, is dat woll lang nich to moken.

Uns Weg geiht nu wieder över den „Großen Gras-brook" no de Marco-Polo-Terrassen un an den Gras-brookhoben. As en grote wiede Trepp löppt düsse Platz no de Woterkant dool. Hier schall de Yacht-hoben hen. Ok langs düsse Kant sühst du wedder ganz verscheden Hüüs vun ünnerscheedliche Ar-chitekten. Goot to'n Bekieken is hier, dat de ganze nee'e Stadtdeel op Warften steiht, jüst as de Hööf op de Halligen. De Footstiegen blangen dat Woter liggt dree Meter sieder as de Boowarken. All Hüüs sünd hoochsett op 7 bit 8 Meter över NN. Nich so

Nee'e Hüüs an'n olen Hoben, Marco-Polo-Terrassen

foken as op en Hallig schüllt de Lüüd hier dat Woter op Besöök kriegen. Seggt warrt: dat is mehr ut Vörsicht as vunwegen de Gefohr. Man dat dat Woter op de ganze Welt, un ok hier, bilütten anstiegen deit, dor gifft dat keen Striet mehr över (Kiek ok bi de → Lannungsbrücken). Un midden mang steiht Störtebeker. Mookt hett em 1982 Hansjörg Wagner. He helpt dinken, dat de Grasbrook in't Middelöller de Richtplatz vun Hamborg weer, dat se hier een vun de bekannteste Piroten in't ganze Middelöller den Kopp afneiht hebbt.

Een mutt in de Spiekerstadt jo nich foorts en ganzen Teppich köpen. Ankieken mookt ok al Spooß. Kannst ruhig mol de Nees in een vun de velen Teppichlodens rinsteken un de orientoolsche Herrlichkeit geneten. De Lüüd sünd mehrstendeels recht fründlich un bi den enen oder anneren gifft dat ok noch en Glas Tee op to.

Störtebeker

Wenn een op den Volksmund luustert, is düt hier wiss de bekannteste Geschicht vun em: Se vertellt, dat he kort vör siene Hinrichtung as letzten Wunsch de Hamborger Rootsherren beden hett, dejenigen vun siene Lüüd de Freeheit to schenken, an de he loter ohn Kopp noch vörbi lopen wörr. Dor weern de Rootslüüd nich bang vör, genehmigen dat un leten em dorup den Kopp afhauen. Man denn verfehren se sik gewaltig, as Störtebeker sien Lief nu nich eenfach ümfull, man noch an 11 Seeröber vörbi leep. No anner Berichten schaff he blots, negen oder söben Frünnen to retten. Allens blots Spökenkroom, man wat weet een denn wirklich över düssen Claas Störtebeker? Nich veel. Dat he 1401 op den Grasbrook den Kopp afkreeg, is noch dat Sekerste.

Störtebeker un siene Gäng, de sik tosomensloten harrn un siet 1390 „Vitalienbröder" nömen deen, weern nich blots en wilden Hupen Seeröbers, de allens överfallen deen, wat se tofoten kregen. Veel eher weern se eerst mol en Bund vun Söldner op See, de sik anhüern leten. Dat keem foken vör, dat sik Fürsten oder Königen jüst so as se ok för den Landkrieg Suldoten anhüern, för den Striet op't Woter Seelüüd anwarben deen. Dorbi stünnen se mehrstendeels blots för en bestimmte Tiet bi en Opdraggeber ünner Verdrag. Weer en Arbeit doon, fungen se bi en annern Herrn an. Solang se dorbi en Kaperbreef harrn, weer dat en Arbeit as annere ok. Vigeliensch worr dat eerst, wenn een so'n Genehmigung nich mehr harr. Dat passeer nu den Liekedeler-Boos un sien Kru. Se worrn arbeitslos, as de sweedsche König wedder free keem. Den harrn de Dänen vörher in sien Hauptstadt Stockholm düchtig in de Kniep nohmen un insloten. De Piroten harrn em över't Woter Lebensmiddel – latiensch „Vitalien" (hüüt noch to finnen in den bekannten „Viktualienmarkt" in München) bröcht, wo se ok jümehrn Noom „Vitalienbröder" vun wegkregen.

Nu seten se op't Dröge. Un jüm bleev nix anners över, as op egen Reken Scheep in de Elv to överfallen un uttoröbern. Egol, wo dat herkeem un wat för en Ladung dat harr, keen Schipp weer mehr seker vör de Liekedelers. Dook ut Flannern, Wull ut England un dat bekannte Hamborger Beer, allens nehmen se mit. Jümmers wedder dükern se op, as harr se dat Woter utspeet, mit en Mool weern se dor un slogen to un jüstso gau weern se ok wedder verswunnen. Se weern de Schrecken vun de See.

„Gott sien Fründ un alle Welt ehr Fiend" – Wat mit düssen Snack meent weer, beleben de Hansekooplüüd nu an't egen Lief un an jümehrn Geldbüdel.

1400 seten de Seeröber op Helgoland un harrn vun dor ut de Koggen in't Oog, de de Elv op un dool kajolen. Se müssen blots noch aftöben un in'n richtigen Momang tolangen. Nu harrn de Hamborgers de slimmste Land- oder beter: See-ploog direkt vör de Nees sitten. Dat worr jüm miteens doch bannig unkommodig. Lübeckers un Hamborgers deen sik tohoop to en Feldtog op See. Se kregen em un 30 vun siene Kollegen bi de Büx un slepen jüm no Hamborg. De annern sünd bi de Haueree ümkomen oder kunnen utneihen. Dat Enn vun de Geschicht is bekannt.

Denn geev dat en teemlich lange Paus. 1878 buddeln se bi Booarbeiten op den Grasbrook, de ole Richtsteed, twee Dodenköpp mit Löcker in de Deek ut un bröchen dat no dat Hamborg-Museum. In't Middelöller worrn de Köpp vun de Verordelten, üm Nomokers foorts bang to moken, op hölten Pöhls bi den olen Hoben opnogelt – dorvun harrn se jümehr Löcker. Besünners grote Möög hebbt se sik mit den een Kopp geben, den se so vörsichtig un seker as mööglich op dat Holt nogelt hebbt. Dat seeg so ut, as schull düsse op kenen Fall kaputt gohn, de müss also wichtig ween. Störtebeker sien Döötz? Man weet dat nich. Tominnst een vun de Anföhrers, dat schient seker. Sogor no Ameriko in de Universität vun Hamilton hebbt se den Kopp bröcht, üm no DNA-Sporen to söken un de mit de vun Lüüd to verglieken, de hier in Norddüütschland vundoog noch Störtebeker heet. Funnen hebbt se ober nix.

Dinkmol för Klaus Störtebeker op den Grasbrook

Retuur geiht dat wedder den Groten Grasbrook dool. Op de rechte Siet kümmt SAP in Sicht, de Software för Computers mookt un 2003 as eerste hier lannt sünd. Noch lange Tiet seten de midden mang in en Moondlandschaft mit wieder nix as Dutten vun Kies un Sand. De Nober op de linke Kant is Kühne & Nagel, de ehr Lastwogen een op de halbe Welt bemöten köönt. Jümmers groodut löppst du op de Kibbelstegbrüch torüch no de Spiekerstadt un över den Brooksfleet weg.

Achter de Spiekerhüüs föhrt rechts en Wenneltrepp no ünnen. De geiht dat dool un denn steihst du genau vör Hälssen & Lyon. De is in eens Koopmann vör Tee un Konsul vun Sri Lanka, dat fröhere Ceylon. Siet 1879 gifft dat düsse Firma, de nich blots verköpen deit, nee: ok mischen, veredeln un logern. In de Spiekerstadt sitt dat Hart oder beter de Tung vun dat Ünnernehmen. Hier arbeit de Teeverkösters, de den ganzen Dag lang nix anners mookt, as ünnerscheedliche Slag Tee to nippen, to smecken un wedder uttospeen. De warrt denn no Smack un Qualität sorteert, dat se jüm an't Enn wedder to nee'e Soorten tosomen mixen köönt.

Links löppst du denn wieder op de Stroot, de Pickhuben heet. En poor Meter wieder kümmt ok al de ole Kaffe-Börs, de nie so richtig in Gang weer, ober dor op wiest, dat in keen Hoben in Europa so veel Kaffe anlannen deit as hier. Liekut föhrt de Weg op de nächste Brüch un op de linke Kant hett een en

As en lütt Slott: St. Annen, dat Roothuus vun de Spieker-
stadt

schönen Blick över de „Fletenkrüzung" hen no de Katharinen-Kark. Över de Strotenkrüzung geiht dat liekut no de Stroot „St. Annen Ufer."

Dor hett een dat „Speicherstadtmuseum" tofoot. Binnen kriggst du en Barg dorvun to weten, wo güstern un hüüt de Arbeit in de Spiekerstadt utsehen hett, wat genau bi en Kaffeeverköstung passeert un wo een en ganzen Container op en Spiekerböhn bören kann. Vun all de Museen in de Spiekerstadt gifft dat kommodige Spiekerstadtmuseum de besten Inblicke in dat Egenleben vun den Hamborger Hoben.

Speicherstadtmuseum
St.-Annen-Ufer 2
20457 Hamburg
Tel.: (0 40) 32 11 91
Vun 1. April bit 31. Okober: Di.–Fr., Klock 10–5
an'n Obend, Sünnobend, Sünndag un an Fierdoog
vun Klock 10–6 obends
1. November bit 31. März: Vun Deensdag
bit Sünndag vun Klock 10–5 obends

Wieder geiht dat no St. Annen röber, wo de HHLA sitten deit. In't „Roothuus" vun de Spiekerstadt, so as dat lütte Slott mit siene smucken Torns un Erkers ok nöömt warrt, regeert de „Hamburger Hafen- und Logistik AG" över all de Spiekers. Un hett een eerstmol de Baggers, Lasters un Boosteden achter sik, warrt dat gau ruhiger un sinniger, so as in de Tieden,

In't Huusmeesterhuus wohnt de enzige Spiekerstadtinwohner

wo blots Teppiche, Kaffe un Quarteerslüüd hier ünner sik weern. Den „Holländischen Brook" hendool fangt en anner Welt an. Dor gifft dat ehr noch, düsse besünnere Spiekerstadt-Roh. En lütte Bries krüselt dat Water in den Fleet, un drifft enen – mit en beten Glück – en Kaffewulk in de Nääs, wenn ok de Kaffespiekers nu op de annere Elvsiet in Wilhelmsborg liggt.

Meist gifft dat keen Larm mehr, blots de Wind, de mang de Blääd speelt un ganz af un to lett sik mol en Minsch op de Stroot sehn, un liekers is een dor midden in't Hart vun de Stadt.

Hier geiht dat sinniger to. Tiet to'n Verpuusten un sik en beten ümtokieken, ok mol den Blick no boben to heben, an de roden Backsteenborgen tohööcht, över de Luken, Finsterbogen un Tinnen. Twüschen düsse stootschen „Worenpaläste" kann een sik goot vörstellen, dat de Quarteerslüüd un Teppichhändler jümehr Arbeitssteed mit keen in de Stadt tuuschen möögt. Ganz an't Enn vun den Holländischen Brook steiht dat Huusmeesterhuus, wo de enzige Minsch in de Spiekerstadt binnen wohnen deit.

Över de Sprook

De Anfang: Twüschen Hochdüütsch un Latiensch

In't 13. Johrhunnert kemen de nedderdüütschen Kooplüüd suutje mit jümehrn Hannel op de Fööt. De Geschäften lepen goot un jümmers beter. Mehr un mehr keem dat Uttuuschen vun Woren mit Binnen- un Butenlanners in Gang, un dat Hannelsnett worr utboot. Mit den Hannel wuss ok dat Handwark, mehr Experten worrn bruukt, denn de meisten Woren, de mit't Schipp ankemen, müssen noch bearbeit warrn. Snieder för Fell un Kledoosch, Slieper för Bernsteen un – för Hamborg de wichtigsten – Broer för dat Beer un Böttcher, de Beerfatten moken. Üm 1376 geev dat in Hamborg 457 Broereen, de meisten dorvun ober weern bannig lütt, un nich wenige pütjern in en Achterstuuv vun't Huus rüm.

Al in düsse Tiet weer dat Leben in de Städter – tominnst in de groten – vigeliensch noog worrn, dat een Regeln un Ordnungen, so as „Zunftordnungen", bruken dee. So geev dat bald de eersten Behörden un Ämter, dormit allens no Recht un Gesetz afleep.

Wat op jeden Fall nödig weer, dat weer en vernünftige Sprook. Un dat nich blots to'n Snacken. Kontrakten, Gesetzen, Zunftregeln müssen opstellt un ok opschreben warrn. Dor harrn de Hamborgers jüst so as de Kollegen in Lübeck un in de annern Hansestädter nu wohrraftig en Problem mit. Oder doch de Wohl twüschen twee Öbel. Woll geev dat in düsse Tiet (Middel-)Hoochdüütsch to'n Schrieben, ober mol ganz dorvun af, dat de Plattdüütschen dat nich verstünnen, schreev man Düütsch mehrstensdeels an de Förstenhööv un in't Slott, un dor denn ok noch för Leder un Riemels oder „Minnesang" as dat heet. Dat weer nu nix för en echten Pepersack. Noch leger seeg dat mit Latiensch ut – de anner Mööglichkeit. Dat verstünnen meist blots de Preesters, un vun de ok lang nich all. Beden kunn man op Latiensch un kloke Böker schrieben, man de Hanseoten harrn Reken, Kontrakten un Vörschriften för jümehr Stadt nödig. In de Städter seet middewiel en nee'e Schicht an't Ruer: de Börgers, un de ehr Sprook weer Nedderdüütsch.

Un so füngen se bilütten an, dat Plattdüütsch, wat se sounso al snacken deen, optoschrieben. Bit to't Enn vun dat 14. Johrhunnert verswunn Pö a Pö dat Latiensch as opschreben Sprook ut de Hansestädter.

Ganz vörnweg weern de Brunswiker mit jümehr Stadtrecht vun 1227 in nedderdüütsche Sprook. Vele anner Städter trocken achteran. In Hamborg geev dat de → Burspraken. Dat weern in't Middelöller Gesetzen, de se tweemol in't Johr, in't Fröhjohr un in'n Harvst, vun't Roothuus ut vörleest hebbt.

Över Johrhunnerte güng dat nu plattdüütsch wieder, un een vun de letzten Soken, de in Hamborg över de Tieden weg noch platt bleben weer, dat weer de Börger-Eid. De goll noch meist bit in't 20. Johrhunnert.

Bürger-Eyd

Ick lave und schwöre tho Gott dem Allmächtigen, dat ick düssem Rhade und düsser Stadt will truw und hold wesen, eer Bestes söken un de Schaden affwenden, alse ick beste kan und mag, ock nenen Opsaet (Opstand) wedder düssen Rahde und düsser Stadt maken, mit Worden edder Wercken, und efft ick wat erfahre, dat wedder düssem Rahde und düsser Stadt were, dat ick dat getrüwlick will vormelden.

Ick will ock myn jahrlickes Schott, imglicken Törkenstüer, Tholage, Tollen, Accise (Mehrweertstüer), Matten und wat sünsten twischen einem ehrbarem Rahde und der erbgesetenen Bürgerschop belevet und bewilligt werd, getrüsund unwiegerlich by myner Wetenschop, entrichten und bethalen.

Alse my Gott helpe und syn Hilliges Wort.
(Ünnerschrift)

Hat obigen Eyd abgestattet
Hamburg, den 10. Decbr. 1819
(Ünnerschrift vun den Beamten)

DE HOGE TIET:
PLATT IN DE FRÖMD

Sien „Hoochkonjunktur" beleev dat Plattdüütsche in de Hansetiet. Twüschen 1300 un 1500, in de Hoochtiet vun de Hanse, weer dat Nedderdüütsche düchtig ünnerwegens. Op de Scheep mit Hering, Solt un Beer güng ok de Sprook op Reisen. Eenmol över de Oostsee bit no Nowgorod, dor snacken se dat üm de Hansekontoren. Denn ober ok no Skandinavien. Richtig op de Fööt keem dat Plattdüütsche ober eerst in Sweden. Rund veertig Perzent vun't Sweedsche, wat se dor vundoog snackt, kümmt ut dat Plattdüütsche. Mitbröcht hebbt dat Inwannerers ut Nedderdüütschland. Wenn du in Sweden op Ferien büst, kiek ruhig ut Spooß mol in en sweedsche Zeitung rin. Du warrst di wunnern, woveel Wöör du kennen deist.

Up de anner Kant reck de lange Arm vun de Hanse bit no Flannern hen. Ok in Brügge kunnen de Fernhannelskooplüüd Plattdüütsch – wenn ok en beten anners as in Hamborg. In'n Westen weer de Stalhoff, dat Hansekontor in London, de Butenposten. Mit den Fernhannel keem de Geldhannel op un mook ut Hansekooplüüd „Global Players". In de Tiet twüschen 1300 un 1500 is sowat in Gang komen as en Globaliseren in't Middelöller.

Man mit dat Utlangen vun de Hanse kemen ok nee'e Probleme op: dat Verstännigen. En Barg Sproken müssen de Hanseoten ünnerwegens kennen, un ok dat Nedderdüütsch weer no verscheden Oorten. Nich anners as hüüt, harr jeedeen Eck, Dörper un Städter, jümehr egen Besünnerheit. Hosteener Platt ünnerscheedt sik vun dat Hamborger, un dat is wedder anners as dat ut Finkwarder, ok wenn dor man blots de Elv twüschen liggen deit. För de, de to Huus bleben, reck dat. Man all de, de Hannel dreben, reisen un Geschäfte moken, kemen an en Sprook, de för all gull, nich vörbi. Üm de Mitt vun dat 14. Johrhunnert harr sik dat „Business-Platt" för de Hanse entwickelt. Sowat as Engelsch vundoog – en Sprook, in de een sik över de Grenzen weg verstännigen kunn. To de Tiet harrn de Lübeckers dat mehrste to mellen, jümehr Stadt weer de gröttste un de riekste, un dorüm setten se sik mit jümehr Dialekt dör.

MISSINGSCH

In't 17. Johrhunnert keem dat Enn vun den Hanse. Nu güng dat ok mit dat Plattdüütsche bargdool. Al vörher harr dat mit den Städtebund nich mehr so recht lopen – de Städter harrn nich mehr veel to rieten. De Hannelskontoren in Nowgorod un London worrn vun den russchen Zar un de engelsche Königin dicht mookt. Jümmers mehr Gewicht kregen de „Natschonoolstooten", un dat Seggen harrn nu Försten un Könige, un nich mehr Kooplüüd un Börgers as de tweehunnert Johr dorvör. In de sülbe Tiet wanner de Hannel bilütten vun de Oostsee weg, eenmool no Westen to, denn över de Nordsee güng dat beter no dat frisch entdeckte Ameriko röver, denn ober ok no den Süden vun Düütschland, wo se keen Platt verstünnen. As Hannelssprook sett sik mehr un mehr dat Düütsche dör un löös Plattdüütsch af. Dat marken de Fernhannelskooplüüd as eerste. Denn bi se keem dat jo dorup an: dat Verstännigen müss funktschoneren – Kontrakten opsetten, Reken schrieben un wat uthanneln. Schull jümehr Geschäft nich noch wieder in de Grütt gohn, müssen se Düütsch lehren. Man blots wo?

In Norddüütschland weer dat slecht mööglich, hier snacken se all blots Platt. Un so hebbt se de Koopmannssöhns op Sprookurlaub schickt – no Sassen. Dor kann een sik hüüt doch en lütt beten över wunner. Man Sassisch gull dormols as dat beste Düütsch. Vör allen Wittenbarg, wo Luther siene Bibel verdüütscht hett, un Leipzig weern gode Adressen to'n Düütschlehren. Vun't beste dat feinste Düütsch snacken se ober in Meißen. Wenn de jung Lüüd vun jümehr Bildungsreis wedder torüch kemen, snacken se stolt „Missingsch", wat nix anneres heten deit as „Meißnisch". Dat weer nu dat Hoochdüütsche, oder beter: dat, wat se in Norddüütschland dorför holen deen. Denn in Wohrheit is Missingsch en Mischmasch ut Platt un Hoochdüütsch, wat ober to Huus in Hamborg oder Lübeck keenen klook kreeg. Ut dat „vörnehme Düütsch ut Meißen" worr en egen Sprook, de lange Tiet vun de snackt worr, de sik för Platt to fein weern, man de dat Hoochdüütsche ok nich recht togang kregen.

Missingsch hett sik lang holen. Man de plattdüütsche Andeel is mit de Tiet jümmers weniger worrn. Hüüttodoogs hebbt wi düsse Twüschensprook mit Platt- un Hoochdüütsch noch in en Reeg Wöör un Snacks binnen, de ut dat Nedderdüütsche ohn veel Nodinken no dat Düütsche ümplant worrn sünd. „Da nich för" seggt de Hamborger, wenn sik een bi em bedanken deit. Op Hooch höört sik dat en beten dwatsch an, man op Platt funktschoneert dat allerbest: „dor nich för". Ut dat Plattdüütsche no dat Hochdüütsche sünd ok „zumachen" (sich beeilen) un „feudeln" (aufwischen) inwannert. Op Düütsch bruukt wi „aufhalten", wenn een in sien Doon hinnert warrt un in sien Tempo, op Missingsch heet aufhalten „aufhören".

Un op düsse Oort koomt so wunnerliche Kunstwarken tostann as: „Ich muss aufhalten zu telefonieren. Ich bin gerade beim Feudeln."

Glossar/lütt Wöörbook

Angströhr:

Spooßnoom för den olen Elvtunnel. As 1911 de Tunnel fardig weer, is dat för vele Hobenarbeiters eerstmol en bannige Verännerung ween, as se nich mehr över de Elv, man ünner ehr dör müssen. Dat dor ok welk bang vör weern, kann een sik goot vörstellen. Wo geev dat denn in düsse Tiet ok sowat? Un wokeen wüss, wat dat Ding ok holen dee?

Dor höört sik „Fierobendröhr" natüürlich düchtig wat fründlicher an. Se hett de een Siet vun den Elv mit de anner Siet tosomenbröcht, un vele freien sik al op den Fierobend op de anner Kant, wo dat den Barg hooch no St. Pauli güng. Dorbi kunn een dat Woort „Fier-Obend" ganz wörtlich nehmen. Noch en ganz anner Bedüden hett ok de „Angströhr" – denn nämlich, wenn se op den Kopp seet. Denn is dat en Jux-Woort för „Zylinder", wo se anners ok noch „Fiefliterhoot" to seggt hebbt.

appeldwatsch:

Mit Appeln hett düt Woort, dat jümmers noch teemlich lebennig is, nix to kriegen. Eher steiht dat för „komisch", „afsünnerlich" un „wunnerlich". Een kann sik ok appeldwatsch föhlen, wenn een nich goot towegens is. Wenn anner Lüüd appeldwatsch sünd oder warrt, mookt een beter en Bogen üm jüm rüm, dat dat keen Arger gifft.

172

Büdel:

De lütt Sack, wo Geld, Schinken oder den Wie-
nachtsmann siene Geschenken rin koomt, hett dat
wiet bröcht. So as „Plünn", is ok „Büdel" en platt-
düütsche „Universool-Vokabel" worrn. De Ünner-
scheed is, dat „-büdel" jümmers achtern steiht, so
as bi den Quark-büdel to'n Bispill. Allens kümmt in
den Büdel rin, un meist överall kann he opdükern:
as „Iesbüdel" to'n Köhlen för en Kopp, de wehdeit
no enen düchtigen „Hoorbüdel", wenn een sik een
antüdelt hett. Oder in de Kark, wo he en „Klingelbü-
del" is un to'n Geldsammeln dör de Regen löppt.

Un ok dat Schimpen wöör man blots half so veel
Spooß moken, wenn dat dat Woort „Büdel" nich
geev. De „Dröömbüdel" verbummelt un verdeit sien
Tiet. Dor stickt ober noch en fründlichen Klang mit
binnen. Dat süht bi den „Dröönbüdel" al anners ut.
He höört to de Tüün- un Tweernbüdels, wat allens
mehr oder weniger op „Dummtüüchsnacker" rut-
löppt. „Windbüdel" is – besünners mit Slackerma-
schü – en lecker Backtüüch, ober ok en Minsch, op
den sik keeneen verloten kann. Den schönen platt-
düütschen Utdruck „Schietbüdel", den een för sien
Kind oder sien Leevsten bruukt, schull een beter nich
direkt in dat Hoochdüütsche överdrägen, denn is dat
nämlich miteens keen Kosenoom mehr.

Buttje:

kümmt vun „butt", wat ‚groff‘ heten deit, also nich
mit Fisch tosomenhangt. Dormit sünd Jungs un
Keerls meent, de op de Stroot rümlungert un wieder
nix as Grappen un dumm Tüüch in'n Kopp hebbt.
En besünneren Spooß is dat för Buttjes un „Brieten",
wo se ok heet, de Lüüd för 'n Narren to holen, un
dat kann ok mol en beten däägt togohn. Se koomt
foken as so'n ganze Floog, denn hett de, op den se
dat afsehen hebbt, nix to lachen.

Wenn Jungs in't swierige Öller koomt, warrt se
Buttjes. Op de anner Siet höört ober ok de Wellen-
sittich un de Leevste op „Buttje", denn warrt ut en
rugen Keerl en fründlichen Binoom.

Dormit verwandt sünd de „Baschen". De geev
dat mehrstendeels in Barmbek. Fröher hebbt se
seggt: dor wohnt en ganzen Barg halfwussen Ge-
sellen, de nich jüst pingelig weern, besünners nich,
wenn se mit anner Lüüd to doon harrn. Üm de
„Barmbek-Baschen" hebbt de meisten denn ok en
Bogen mookt. „Baschen" kümmt dorbi vun „basch"
un heet ‚ruug‘.

Ok to düsse „Familie" hebbt fröher de „Löwen" to-
höört. Mit Grootkatten ut Afrika hebbt düsse Ham-
borger Daglöhners man blots densülbigen Noom.
Besünners op den Hoppenmarkt kunn een jüm fin-
nen, wovun se den Noom „Hoppenmarktslööw"
wegkregen. „Löwen" weern „Unstännige", de kene
faste Arbeit harrn un sik vun een Gelegenheitsjob no

174

den annern hangeln deen. Dat beten Geld, wat dorbi rutkeem, hebbt se foken foorts in de nächste Wirtschaft drogen un in Beer un Kööm (→ Lütt un Lütt) ümsett. To den eersten groten Hobenarbeiterstreik vun 1896 hebbt düsse Löwen en wichtigen Bidrag leist. Se harrn jo keen richtige Anstellung un kunnen dorüm ok nich foorts rutsmeten warrn.

Buurspraken:
de Buurspraken sünd in Hamborg veel mehr as dat, wat de Buern op't Land so seggt. Tweemol in't Johr, den 22. Februar un den 21. Dezember, hebbt se vun dat Roothuus ut Gesetzte, Vörschriften un Neeigkeiten künnig mookt. Dat Woort „Buurn" steiht hier för „Börger". De letzte Buurspraak geev dat 1811. Düsse Oort vun Börgerversammlung stickt ok noch in de Strotennoom „Großer Burstah" binnen. „Gestade der Bürger" oder „Bürgerufer" heet dat. En ole Geschicht vertellt dat en beten anners: As sik mol de Broerknechten mit de Buern vun't Land in de Hoor kregen harrn un de Buern al utbüxen wullen, repen jüm de Broers achteran: „Buur stoh!"

Fletenkieker:
Wo de Quarteerslüüd un Hobenarbeiters op Woter töben, dat de Scheep fohren kunnen un se Arbeit kregen, luern de Fletenkieker op de Ebb. Denn eerst wenn dat Woter weg weer, kunnen se no de Fleten dool un den olen Kroom wedder opsammeln, den

de annern nich mehr hebben wulln un eenfach weg-
smeten harrn.

Toeerst weern se bi de Stadt anstellt un harrn de
Opgoov, dorför optopassen, dat de Fleten deep noog
weern, dat Ewers un Schuten dor dör kemen. Düt
Amt heet op Platt „Düpe" oder „Düüp"; loter keem
denn dat Sauberholen dorto.

Ewerföhrer:
En Ewerföhrer is natürlich keen, de mit Swien to
doon hett. Ewer sünd Scheep mit platten Bodden,
Mast un „Swerter", de an de Siet hangt, to'n Lenken.
Dat Woort kümmt ut dat ole Plattdüütsch, wo „en-
var" för „Eenfohrer" stünn. So'n Schipp kunn also
vun een Minsch alleen stüert warrn. Dat geev en
ganzen Barg verscheden Ewers, so as Appel-, Post-
un Stootsewers, je no dat, wat se transporteren müs-
sen. De Ewerföhrers in Hamborg harrn kene Segel,
nee, se stoken jümehr Schipp mit en „Peekhoken".
Dorvun kregen se → Uznooms as „Kanoolkruper"
oder „Knüppelkruper". In de Stadt weern se dorför
tostännig, dat de Woren vun de Segelscheep op de
lütten Bööt verloden un denn över de Fleten no de
Koopmannshüüs un Spiekers bröcht worrn. Mit jüm-
ehr Ansehn weer dat nich so dull, eher gullen se as
düchtig ruge Keerls. De Snack „he kann schimpen as
en Ewerföhrer" weer in't ole Hamborg överall be-
kannt. Dat dor ok wat achter steken dee, wiest düsse
Ornung vun de „Polizey-Behörde" ut dat Johr 1836:

„Alle Everführerknechte und Tagelöhner werden ermahnt, sich beim Löschen, sowohl unter einander als gegen die Schiffsmannschaften friedfertig und nachgiebig zu benehmen, und allen Anlaß zu unnützen Streitigkeiten, worduch nur Aufenthalt entsteht und das Interesse des Kaufmanns gefährdet wird, sorgfältig zu vermeiden."

Handsteen:

In öllere Köken un ok in de ole Hamborger Koopmannsdeel weer dat Spöölbecken ut Steen to'n Waschen, Spölen un Utgeten vun schietig Woter geern ok mit bunte Kacheln, Marmor oder Sandsteen ümto dekoreert. In de Inbooköken vun vundoog is de Handsteen nich mehr ut Steen un so smuck as sien Vörgänger is he ok nich, man heten deit he in de Ümgangssprook noch jümmers so.

Handuul:

Handfeger, in fröhere Tieden hebbt se den Flünk vun de Uul oder vun en Hehn as en Handfeger bruukt. Mit de Tiet is dor denn en richtig lütten Bessen vun worrn, man dat Woort is nobleben. Se is as „Handeule" ok in dat Hochdüütsche inwannert.

Hummel:

As de 1950er un 60er Johren ok de Hamborgers to Autofohrers moken, repen de Gören un Halfwussen överall in Düütschland dat HH-Kennteken „Hummel

Hummel!" achteran. Dat is weniger worrn. Un ok de Geschicht, wo Seelüüd ut Hamborg bi en Haueree, wietaf vun'n Schuss, in jichtenseen indischen Hoben, man blots „Hummel Hummel!" schreen müssen un foorts jump en ganzen Dutt Exil-Hamborgers op un stünn jüm bi, liggt lang torüch. Man he is toger, as vele dacht harrn, un de letzte Hummel-Mood is noch gor nich lang her: bit 2006 stünnen 118 mannshoge, bunte Plastik-Hummels över de ganze Binnenstadt verdeelt, en poor gifft dat ok jümmers noch; in Snee-kugeln, op Wandtöller un Kaffetassen hett Hummel ok vundoog noch Konjunktur. Man wokeen steckt dor egentlich achter?

Hummel weer Woterdräger. Op Biller warrt he jümmers mit en Dracht wiest, also mit en langen Holtpohl, de över de Schullern drogen warrt un an den links un rechts twee Ammers anbummelt sünd.

Wiel dat Woter in de Fleten so schietig weer, leten de Hamborgers över hölten Rinnen frisch Woter ut Brunnen, de to'n Deel wiet buten legen, in de Stadt, no „Frischwoterstatschonen" rinlopen. So een geev dat fröher ok op den Gänsemarkt, dat Woter dorför keem ut en Brunnen vör dat ole Dammtor. De „Feldbrunnenstraße" in Harvestehude driggt düssen „Brunnen op dat Feld" noch vundoog in ehren Noom binnen. Vun de Statschoon ut müss dat Woter noch in de Huushollen bröcht warrn. De, de noog an de Fööt harrn, slepen natürlich nich sülbst, nee, se hüern Woterdrägers an, un een vun jüm weer

Hummelsood in den Rademachergang

Johann Wilhelm Benz, as Hummel mit sien börgerlich Noom heten dee. Wo Hummel to sien Noom un dat „Mors Mors" keem, dor gifft dat mehr as een Verkloren för.

Ut een warrt twee – oder woveel Hummels hett dat egentlich geben?

No dat, wat wi weet, weern dat würklich twee.

1. Version: De eerste Hummel hett Daniel Christian Hummel heten, weer Stadtsuldoot un wohn an de Dreibohn in de Neestadt, bekannt bi de Jungs, de he Kriegsgeschichten vertellen dee. In den sülbigen Wohnhoff as de pensioneerte Stadtsuldoot loscheer ok de Daglöhner Johann Wilhem Benz. As de eerste, echte nu 1836 dood bleben is, wullen de Jungs vun en „Hummel" ober nich afstohn un moken eenfach Benz to sien Nofolger, de „Hummel" as → Uznoom oder „Ökelnoom" arvt hett. Woll nich ganz freewillig, wenn een sik de Anter „Mors! Mors!" bekieken deit.

2. Version: hummeln heet sowat as „brummeln" oder „schimpen", wat Hummel, de en wunnerlichen Keerl weer, jümmers dee. De Gören op de Stroot repen em dorup „Hummel Hummel!" achterno un he vergell dat mit „Mors Mors!". Dor kunn he orntlich füünsch bi warrn un sloog denn mit de leddigen Woterammers üm sik. Dat sülbige Theoter, blots ohn de Ammers, speel sik mit den Senoter af, de för sien Karkengemeen tostännig weer. Hummel müss sik dor vörstellen, wiel he wedder osig Larm mookt harr, de Senoter harr sien Noom vergeten un reep

Dat Gegenstück to Hummel kickt ut de nächste Huuseck rut

em „Hummel Hummel!" to. He dreih sik in't Gohn noch üm, grien un anter „Mors Mors!"

<u>3. Version:</u> düsse is de trurigste. Benz harr en Leev, de he düchtig anhangen dee. Düsse düüstere, brune „Hummel", nehm em dat Geld af un kneep mit en Woolfänger över de See ut. Man Benz, den dat mächtig dörenanner bröch, leep jümmers noch dör de Stadt un reep wedder un wedder no sien „Hummel".

Eendoont, wat dorvun nu stimmen deit, interessant is doch, dat sik de Hamborgers för jümehr Gallionsfiguren Lüüd utsöökt hebbt, de an de Siet stünnen un nich recht en Foot in de Döör kregen. Dat gellt för → Zitronenjette jüst so as för Hummel.

Kledoosch:

En Woort, wat för allens steiht, wat een antrecken kann. Fröher weer dor ober ok dat eenfache Volk mit meent. Respektskledoosch hett to'n Bispill en → Udel oder en Paster an. Twoors höört Büx mit to de Kledoosch, ober „bi de Büx kriegen" meent een „tofoten kriegen". Ok dat Woort „festnehmen", wat sik in't Düütsche jo en beten wichtiger anhören deit, warrt so översett. So verkloort sik „utbüxen" denn ok nich as „ut de Büx komen" oder ehr to verleren, nee, dat bedüüdt „utkniepen". Wenn een, de vörher utbüxen wull, düchtig weglopen is un ut de Puust, denn is he „torecht mit Jack un Büx". Wenn een, de ok dat eenerlei is, kann een seggen „dat is mi Jack as Büx".

Plünnen sünd ok Kledoosch, man en beten minnachtig. Wokeen dat mit dat Tüüch nich so genau nimmt, hett Plünnen an. Ok schetterige un afreten Soken heet so. Op düsse Oort un Wies warrt ut jede Kledoosch bilütten Plünnen. Langt bi een dat Geld nich, üm in't Theater in't Parkett to sitten, man blots för de Galerie, den Balkon, de mehrstens orntlich wat billiger is, denn he is jo wieder weg, denn sitt he op den Plünnenböhn. Op dat Woter ünnerwegens sünd Plünnkrüzer, op Hoochdüütsch sünd dat

„Faltboote". Den Noom hebbt se natüürlich vun dat Tüüch weg, ut dat se mookt sünd.

Kööksch:

Dat Woort kümmt vun Köök. De en Kööksch hett, hett ok wat an de Fööt. Se weer dorüm fröher ok in den börgerlichen Huusholt anstellt un för dat Koken un Inköpen tostännig. Wenn een wat in de Köök to doon hett, kann een dor ok „kökschen" to seggen, ok wenn man dorbi gor keen Kööksch is.

Lütt un Lütt:

Bi de Hoochdüütschen heet dat „Herrengedeck" oder eenfach blots „Gedeck". Dor höört to: een lütt Glas Beer, egentlich mol Bruunbeer, un een kloren Kööm. De beiden „Lütten" worrn besünners geern an den Hoben verkonsumeert, wovun de Krögers vun lütte Hobenwirtschaften ok den Titel „Lütt-un-Lütt-Wert" weg harrn. Dat dat dorbi ok gau mol en „Lütten" toveel warrn kunn, weer woll eher de Regel as de Utnohm.

Pepersack:

En Woort för den rieken Koopmann, de sik an wieder nix scheert as an sien Gewinn. De Vörstellung vun den „Pepersack" kümmt woll ut dat Middelöller, wo se den Peper ut Indien dör Arabien över den Landweg ransleept hebbt. Dat weer böös gefährlich – un köss bannig veel Geld. Lange Tiet weer Peper jüst so veel weert as Sülber oder sogoor Gold. In enige Städter kunnen de Lüüd jümehr Stüern dormit betohlen. Bi odlige Lüüd weern de lütten swatten Parlen as Nodisch in Mood, nich wiel se so fein smecken deen, nee, de hogen Herrschaften wullen dormit wiesen, dat se wat an de Fööt harrn. Ok de riek ween will, müt lieden, tominnst af un to.

Wenn een also en ganzen Sack vull Peper harr, weer he orntlich riek un so is düt Woort vun den Sack op den Koopmann, den he tohören dee, övergohn.

Verwandt mit den Pepersack sünd de „Knieptang" un de „Pennschieter". Bi de beiden speelt dat Sporen oder sogoor de Giez en besünnere Rull. Freewillig rückt de nix rut, se blieft op jümehr Geld sitten un hannelt üm jeden Penn (un nu woll ok üm jeden Cent), as wenn dat üm jümehr Leben güng. De „Goldfasan" is vun en annern Slag – he is ok riek, man he wiest dat, wat he hett, düchtig no buten. Wat jo egentlich gor nich no de Oort vun en rechten Hanseot ween schall (→ Kiek ok in't Kapitel Börs no).

propper:
so as püük heet propper „sauber" un „in de Reeg". Wenn een sien Goorn schier hölt, denn is de eben propper.

Man bedüden kann dat Woort ok sowat as „krall" un „drall": De propper is, is gesund un op Droht. En Deern, de krüüzfidel un propper is, hett jümmers wat to lachen.

Putzbüdel:

So heet de Frisör oder Barbier, de fröher sien Wark-tüch, as Scheer, Kamm un annern Kroom, in en lütten swatten Samtbüdel opwohren dee.

püük:

(geern tosomen mit „propper") de dat rein, smuck un akroot hett, is püük. In en püken Huusholt is allens in de Reeg. Dat Wort kann ober ok „vörnehm" un „elegant" heten. Un ok wat de Hochdüütschen „piekfein" nöömt, is op Platt „püük".

Quiddje:

Dat is een, de keen Platt snackt, een, de nich ut Hamborg kümmt. In Hamborg sää een dat ok to Lüüd, de vörnehm deen un sik för wat Beteres holen. Dorto passt, dat de Volksschöler de Gören, de no Hoge School güngen, „Quiddje" achteran repen. Bruukt worr ok de Utdruck „Geelsnacker" för Lüüd, de blots Hooch oder Missingsch kunnen, denn ober ok för Lüüd, de een no den Mund snacken deen.

En bekannte Geschicht vertellt, dat dat Woort vun de Quittung keem, de de Hannelslüüd vun buten kregen, wenn se no Hamborg rinkemen. Se müssen also en Gebühr betohlen, so'n Oort „Intritt". De nu mit so'n Quittung rümleep, weer en „Quiddje". Man to bewiesen is düsse Geschicht nich.

tüdeln un tünen:

En Knütt an en Band moken, wat tosomenknütten oder anbinnen heet tüdeln. Een kann sik also en Band antüdeln. Bruukt warrt „tüdeln" un „tüünen" ober ok, wenn dor eenfach blots dumm Tüüch vertellt warrt, wenn een den annern mit Afsicht för'n Narren hölt oder eenfach ut Dummerhaftigkeit. In'n Tüdel kümmt een, wenn dat bi't Vertellen oder bi de Arbeit dörenannner geiht, oder wenn he sik in't Holt verlopen hett un nich mehr recht rutfinnen kann.

De sik een „antüdelt", drinkt twoors eher suutje, kann ober ok in'n „Tüdel" komen un dor en → Hoorbüdel vun kriegen. Ole Lüüd, de mehr un mehr vergeet, warrt „tüdelig".

Tüdelband:

Band, wat tosomenknütt un vigeliensch mang de Finger vun beide Hannen opspannt warrt. De Mitspeler mütt dat denn „afnehmen" – so heet dat Speel ok. De twete Bedüden is en iesern Rad, ok Trudelband nöömt, dat mit en Stock oder Hoken andreben warrt. Dat weer düren Speelkroom, wat man blots Kinner ut de beteren Familien harrn. En Dinkmol kreeg dat Tüdelband in dat Leed vun de Bröder Wolf:

> An de Eck steiht en Jung mit 'n Tüdelband,
> in de anner Hand en Bodderbroot mit Kees,
> wenn he blots nich mit de Been in Tüdel kummt,
> un dor liggt he ok al lang op de Nees,

un he rasselt mit 'n Dassel gegen Kantsteen,
un he bitt sik ganz gehörig op de Tung.
As he opsteiht, seggt he „hett nich wehdoon,
dat is 'n Klacks för en Hamborger Jung".

Klauen, Klauen, Äppel wüllt wi klauen,
ruck zuck över 'n Zaun,
ein jeder aber kann das nicht,
denn er muss aus Hamburg sein!

Tüffel:
Dat is de Hoochdüütschen jümehr „Pantoffel". In't
Plattdüütsche warrt dor ober en Holtschoh mit en
Ledder bobenup vun. De düütschen „Puschen", de
„Filzpantoffeln" heet op Platt egentlich „Pampuu-
schen". Dat de, de „ünner den Tüffel steiht" to Huus
nix to mellen hett, is ok vundoog noch bekannt, man
dat in fröhere Tieden een, de keen Glück in sien Ehe
harr, „in'n Tüffel scheten" harr, weet hüüt meist keen-
een mehr. „Tüffelig" is een, de sik böös tapsig anstellt
un jümmers so ünnerwegens is, as güng he op Holtsch-
oh. Wenn dat nich langt, mookt een dor en „Tüffel
Achtteihn" vun. Dat is noch een bobenup, mit den is
överhaupt nix los. He stellt sik bi allens so unpatent
un dammelig an, dat he rein gor nix togang kriggt.

Udel:
So heet in Hamborg de Polizist. Överbleben is düt
Woort ut „Uul" – dat is de hoochdüütsche Eule. Düs-

se Uul hett wat to doon mit den Deenst in de Nacht, den düsse Lüüd mookt. Denn so as düsse Vogels weern ok de Udels nachts ünnerwegens. „Grieper" is en anner Utdruck för den Udel ut dat 19. un fröhe 20. Johrhunnert. Ünner „Grieper" kann een sik glieks wat vörstellen: He langt to, wenn he en Ganoov bi de Büx kriegen kann. Överhaupt kann sik düsse Berufsgrupp över to wenig → Uznomen nich beklogen. Dorto koomt ok noch „Putz" oder „Putzemann"; ober anners as bi de hoochdüütsche Wanddekoratschoon mutt man bi den plattdüütschen „Putz" dat „U" lang moken. Un toletzt: ut dat Französche inwannert is de „Schandarm", de sik villicht dorüm meist en beten vörnehm anhören deit.

Uznoom (ok Ökelnoom):

is en Spooß- oder Spitznoom. Besünners de Quarteerslüüd, de in de Lagerhüüs vun de → Spiekerstadt arbeiten deen, harrn en ganzen Barg Uznomen. Nich blots, dat een orntlich an't Klamüüstern weer, wokeen sik achter de „Cons", de stillen, nich nöömten Kompagnons, verbargen dee. Nee, wokeen to'n Bispill sünd de „willen Swien", un woans sünd de woll to jümehrn Noom komen? Dor kann een neeschierig warr. Un wat „Bullenmelkers" man eenfach blots en Trupp vun Lüüd mit en Drift to utsichtslose Ünnernehmen sünd oder eher Spooß an de Gefohr harrn? Ganz so vigeliensch is dat mit den nächsten Fall nich. Bi „Dootsmieters" kann een sik vörstellen,

dat af un to licht mol en Kist oder en Sack vun'n Ho-
ken ut de Hööchde op dat Plooster dool neiht, un dat
düsse Herren ok nich so pingelig dormit sünd, wenn
een dorbi ungünstig ünnerweg kümmt. Beter opho-
ben föhlst di wiss bi de „seuten Jungs", „Buntbüxen"
oder „Lüttsnutten". Anner Uznomen harrn wat mit
de Arbeit oder Egenschaften vun de Lüüd to doon.
Nich unbedingt böös oder minnachtig meent weern
Nomen as → Zitronenjette, wenn de ok wohrhaftig
keen lichten Stand harr.

Zitronenjette

Ehr Dinkmol, mookt vun Hansjörg Wagner, steiht
knapp ünner den Michel an de Ludwig-Erhard-
Stroot. Un de Inschrift, de op ehrn Sockel steiht, is
op Platt:

> „Dien Leben wer suur
> As de Zitroonen,
> sall sick dat Erinnern an
> di lohnen?
> Dien Schiksol wiest op all de Lüüd,
> for de dat Glück het gor keen Tiet."

Vun Zitronenjette as Hamborger „Originol" hett
jeedeen al mol wat höört, man wenige weet en beten
beter över ehr Leben Bescheed. To Welt komen is se
1841 in Dessau as Johanne Henriette Marie Müller,
storben 1916 in de „Irrenanstalt" op den Friedrichs-
barg in Hamborg. Dortwüschen legen Johren, vun
de de mehrsten suer weern.

Dinkmol för en lütte Fro –
Zitronenjette

Se weer man 1,32 Meter groot un an Lief un Geist trüchbleben. För de Jungs op de Stroot höör se natüürlich genau to de Lüüd, op de se dat afsehen harrn. De hebbt ehr düchtig argert, wenn se in de Neestadt un obends op St. Pauli ut ehrn Henkelkorv Zitronen verkööfft hett. In de ganze Stadt is se dorvun bekannt worrn, dat se jümmers ropen hett: „Zitroon, Zitroon".

Ok in Barmbek un Rothenburgsort weer se togang, besünners in'n Sommer, wenn dat Wedder beter weer. Wohnen dee se tosomen mit ehr Süster in dat Gängeviertel vun de Neestadt. Geern stünn se an den Graskeller. Un nachts weer se op St. Pauli ünnerwegens.

Geern is se ok an de Buddel hangen bleben un dat hett ehr denn ok to Fall bröcht: Mehr as eenmol müssen se ehr ut den Rönnsteen wedder opsammeln, un 1894 hebbt se ehr ganz no de „Irrenanstalt" Friedrichsbarg bröcht.

Richtig bekannt mookt hebbt ehr twee Theoterstücken. Dat eerste keem al 1900 op de Bühn, dat twete is vun Paul Möhring un 1920 in't Ernst-Drucker-Theoter (vundoog St. Pauli-Theoter, op den Spielbudenplatz) opföhrt worrn. Dat hebbt se mehr as dusendmol speelt un dat weer de gröttste Erfolg vun düt Theoter överhaupt. Loter, in de 1970er Johren, hebbt se dat Stück noch mol in't Programm nohmen. De Titelrull speel dormols Henry Vahl, de in Froenskledoosch un mit Zitronenkorv in'n Arm

Riemel op dat Jette-Dinkmol

no sien Ohnsorg-Tiet (→ Ohnsorg-Theater) noch mol richtig groot rutkomen is.

So as dat op ehr Dinkmol opschreben is, steiht Zitronenjette för en ganze Reeg Lüüd in't ole Hamborg, de afschoben weern un de an de Kant stünnen, arm, krank, torüchbleben. De müssen sülbst tosehen, woneem se afbleben.

Goot to weten

Nedderdüütsch an de Uni Hamborg

Platt un studeren? Dat passt doch nich tosomen, dücht vele Lüüd un dorüm wunnert dat nich wenige, wenn se höört, dat dat ene plattdüütsche Afdelung an de Universität in Hamborg gifft. Dorbi höört dat Nedderdüütsche vun Anfang an mit to de Uni in Hamborg mit to.

1910, negen Johr ehrdat de Hoochschool 1919 grünn worrn is, geev dat in't „Allgemeine Vorlesungswesen" dat „Deutsche Seminar". Conrad Borchling ut Posen weer hier de eerste Perfesser. He hett dormols al anfungen, över dat Plattdüütsche to forschen. Vun dor ut duer dat allerdings noch bit 1926, bit dat dat en richtigen Lehrstohl blots för Nedderdüütsch an de junge Universität geev. De eerste „Platt-Perfesser" weer an sik al en richtige Sensatschoon in de dormolige Tiet. Denn mit Agathe Lasch seet en vun de eersten Froens överhaupt in Düütschland op so'n Gelehrtenposten. Dat Froo Lasch ene Jöödsche weer, hett ehr de Sook nich lichter mookt un wiest, wat för en besünnere Person se weer. Mit woveel

Knööf un Klookheit se sik gegen de Mannslüüd hett dörsetten müsst, kann een sik vundoog knapp noch vörstellen. Un wo verbiestert de Kolleegen un Studenten weern, höört een rut, wenn een leest, dat se mit „Fräulein Professor Lasch" ansnackt un anschreben worr.

Se hett anfungen mit dat „Mittelniederdeutsche Wöörbuch", en Wöörbook, dat sik mit dat Plattdüütsche in't Middelöller, de Sprook ut de Hansetiet befoten deit. En Grammatik hett se dorför ok noch schreben un de is so goot und gründlich worrn, dat se hüüt noch bruukt warrt. En anner Ünnernehmen, dat Agathe Lasch düchtig mit op den Weg bröcht hett, is dat Hamborger Wöörbook. Dor sünd all de för Hamborg bekannten plattdüütschen Wöör in opföhrt. En Lexikon för dat Hamborger Platt vun dat 17. Johrhunnert bit vundoog. Dör negentig Johr hendör, vun 1917 bit 2006, as de letzte Band rutkeem, is dor en gewaltig Wark vun worrn, för dat Agathe Lasch dat Fundament leggt hett. Generatschonen vun Wetenschaftlers hebbt dor Möög un Arbeid rinsteken. Man wokeen nich bi de fief dicken, sworen Böker anfangen will, helpt sik mit dat handliche, lütte Taschenbook, dat allens en beten tosomenfoten deit.

1933 hebbt de Nazis dat Gesetz mookt, wat de Jöden dat Arbeiten as Beamte verbeden dee. Een Johr loter hebbt se ok Agathe Lasch in Pension schickt. Dor is se nie över weg komen.

1942 is de eerste Perfessersch för Germanistik in Düütschland, de as kuum en annere dat Plattdüütsche an't Hart leeg, op en Transport mit meist dusend anner Jöden ut Berlin no Riga bröcht worrn, dor is se to Dode komen.

Vundoog dräägt en Stroot in Hamborg-Othmarschen un en Höörsool an de Universität ehren Noom. Siet 1999 warrt de Agathe-Lasch-Pries an Wetenschaftlers utgeben, de sik üm dat Nedderdüütsche verdeent mookt hebbt. De eerste, de düssen Pries kregen hett, is de hütige Perfessersch för Nedderdüütsch, Prof. Dr. Ingrid Schröder. Un dormit sünd wi al vundoog ankomen.

De Studiengang „Niederdeutsche Sprache und Literatur" is ok hüüt noch en Twieg vun de Germanistik un kann dor as Deelfach un Nebenfach oder ok as „Schwerpunktfach" studeert warrn. De Studenten, de sik för Plattdüütsch entscheedt, kriegt dat mit „Mittelniederdeutsch" to doon, dat ole Platt ut dat Middelöller. Besünners de Hansestädter hebbt jümehr Gesetzen, Kontrakten un Reken in düsse Vörgänger-Sprook vun dat hütige Platt opschreben (→ Platt in de Frömde). To't Studium höört ok de Grammatik vun de fröhere Sprook un vun dat Plattdüütsche ut uns Tiet mit to. Wokeen dat to dröög warrt, för den gifft dat ober noch de annere „schöne" Literatur, denn de Literatur mit Gedichten un Geschichten tellt ok mit to den Lehrstoff.

Jümmers höört ok de Lebenswelt dorto. De Sprook hett jo en Barg to doon mit den Alldag, dat Arbeits- un Familienleben vun de Lüüd, de ehr snackt hebbt un noch snackt. De Plattdüütsch studeert, lehrt ok wat över Norddüütschland, de Minschen hier un jümehr Geschicht. So is dat Nedderdüütsche ok verbunnen mit anner Fächer as Soziologie un Geschicht.

De Studenten sitt ober nich blots achter jümehr Böker un Computers. Se sünd ok in't ganze Plattdüütschland, in all de Regionen, wo de Sprook snackt warrt, ünnerwegens, snackt mit de Lüüd un sammelt Wöör op. So schüllt de olen opwohrt warrn, dat se nich ganz verloren goht. Un op de anner Siet warrt ünnersöcht, wo sik dat Nedderdüütsche entwickeln deit un wat för nee'e Wöör un Wennungen opkoomt. In anner Seminore geiht dat üm de Froog, wat een doon kann, üm dat Plattdüütsche un anner Lüttsproken as Freesch un Sorbisch, de gegen dat Hoochdüütsche en sworen Stand hebbt, wedder en beten op de Been to helpen.

To'n Sluss gifft dat noch wat för Instiegers, oder so'n Lüüd, de jümehr inslopen Platt wedder opwecken wüllt. För de warrt tosomen mit de Volkshoochschool en nedderdüütschen Sprookkurs anboden.

Wat mookt een mit en Platt-Exomen vun de Universität?

Besünners hier boben in'n Norden gifft dat Mööglichkeiten, dor wat mit optostellen. In de Scholen treckt dat Nedderdüütsche bilütten wedder in. Siet Düütschland 1999 de Charta för Lüttspraken ünnerschreben hett, hebbt sik de norddüütschen Länner to Oploog mookt, dat Plattdüütsche to fördern. Vun de School bit in de Universität höört dat to dat Konzept vun Bildung mit to. Dor bruukt se Lüüd för, de dor wat vun verstoht, de in de Scholen goht oder in de Lehrerfortbildung arbeiten doot.

Bruukt warrt ok Lüüd in de Medien, to'n Bispill in de Zeitungen, vör allen ober bi den NDR mit Radio un Fernsehn. Bi de Verlogen un de Theaters mööt se ok Fachlüüd hebben, jüst so as in de Kark, bi Stiftungen un Museen. An vele Steden kann dat en Vördeel ween, wat vun de Sprook un de Literatur to kennen.

Universität Hamburg
Institut für Germanistik I Abt. Niederdeutsche Sprache
und Literatur
Von-Melle-Park 6
20146 Hamburg
E-Mail: Niederdeutsch@uni-hamburg.de
(www.uni-hamburg.de)

De Plattdüütsche Bökeree

In de Peterstroot liggt de Plattdüütsche Bökeree. Üm un bi 12.000 Böker sünd hier tohoop komen un teihn Tietschriften. De Bökeree hett sik to Op-

De Plattdüütsche Bökeree in de Peterstroot

goov mookt, plattdüütsche Literatur so tosomen to bringen, dat jeedeen jüm in de Hand nehmen kann. Böker vun nedderdüütsche Schrieberslüüd sünd hier jüst so to finnen as Literatur över dat Plattdüütsche. To kriegen is hier meist allens: Vun den Riemel bit to dat Schoolbook un vun dat ole Platt ut't Middelöller bit to den Comic reckt dat Angebot. Dat Ganze liggt in de Hand vun de Carl-Toepfer-Stiftung.

Kataloge helpt mang de Bökerbargen dör. De dat mag, kann sik foorts to'n Lesen doolsetten: in dat Huus in de Peterstroot gifft dat Disch un Stöhl, ober een kann sik de Böker ok uttolehnen un jüm to Huus lesen.

Niederdeutsche Bibliothek
Peterstraße 36
20355 Hamburg
Tel.: (0 40) 34 08 23
Open: Mittweken un Dünnersdag vun Klock 11 bit 7.

GOOT DÖR DE STADT KOMEN

An'n eenfachsten is dat mit den HVV, so heet in Hamborg de U- un S-Bohn, de Bus un de Fähren all tohoop. Extra för Besöker gifft dat en Fohrschien, de dree Doog gellt: de „Hamburg-Card". An all DB-Bohnhööf gifft dat en HVV-Schalter, wo du di Root holen un en Fohrschien köpen kannst, dat sünd: Hauptbohnhoff, Dammtor, Altona un Horborg. Dat gifft ober ok noch an en ganzen Barg anner Statschonen HVV-Schalter. Besünners an de grötteren U- un S-Bohnhööf, as Berliner Tor un Jungfernstieg, kannst de finnen.

Henwies: Op de Hamborg-Card mütt een bi en ganze Reeg Museen, Stadtrundfohrten, Utstellungen un so weniger betohlen. Dat kunn sik also reken.

Törns dör de Stadt mit en Duppeldecker
De meisten fohrt vun de Lannungsbrücken un vun den Hauptbohnhoff weg. Jede Firma hett en anner Farv, de mehrsten ok en beten anner Streck, dat Wichtigste wiest se di ober all. Ünnerwegens kannst du an verscheden Statschonen in- un utstiegen. De Koort gellt denn den ganzen Dag. Twischendör kannst di den Michel un dat Roothuus bekieken. De Priesen liggt twüschen 13 un 15 €. För en Överblick över de Stadt döggt so'n Törn allemol. Fohrkoorten kriggst direkt an'n Bus. Wat as en plietsche Idee anfüng, kann ober ok toveel warrn. So gifft dat Touren mit bit to 28 Statschonen. Dor kann dat natüürlich passeren, dat du mehr steihst as fohrst. Mehr in't Internet ünner „Stadtrundfahrten Hamburg".

Top Tour Hamburg (root-blaue Duppeldecker)
Abfohrt: Hauptbahnhof Kirchenallee, Lannungsbrücken.
Un an söss anner Placken in de Stadt.
Tel.: (0 40) 6 41 37 31
E-Mail: info@hansa-rundfahrt.de
(www.top-tour-hamburg.de)

Hamburg Tour Christa Rduch (gele Duppeldecker)
Mookt ok en Föhrung in den Michel
un de Krameramtsstuben
Abfohrt an de Lannungsbrücken:
Mai–Oktober alle halbe Stünn
Tel.: (0 41 02) 4 43 39
E-Mail: hamburgtour@t-online.de
(www.stadtrundfahrthamburg.de)

Törns op't Water

En ganzen Barg Barkassenünnernehmen gifft dat an de Lannugsbrücken. All Törns, egol, wat se nu grote oder lütte Hobenrundfohrt heet, duert een Stünn. Mit de lütten Barkassen is dat kommodiger as mit de grötteren Dampers. Ok bi de Kajen, bi den Övergang no de Spiekerstadt, goht Hobentörns los. De Pries liggt bi 10 €, orntlich Dööntjes gifft dat bobenup. Mehr steiht in't Internet ünner Hafenrundfahrt Hamburg.

Barkassen Bülow
Ponton in den Binnenhoben
an de Stroten Kajen un Hohe Brücke
20457 Hamburg
Tel.: (0 40) 7 68 41 40
(www.barkassenvermietung-hamburg.com)

Barkassen Ehlers
Überseebrücke
Vorsetzen – Anleger
20459 Hamburg
Tel.: (0 40) 37 31 68
(www.barkassen-centrale.de)

Twee Stünnen lang mit mehr Informatschonen un weniger
Dööntjes, dat sünd de Barkassentörns vun Stattreisen. Vun
den Anlegger Baumwall (U-Bahnhof Baumwall) vun April bit
Oktober jeden Sünnobend Klock 3.

Stattreisen Hamburg e.V.
Kuhberg 2
20459 Hamburg
Tel.: (0 40) 4 30 34 81
(www.stattreisen-hamburg.de)

Törns op dat lütte Woter: Alstertouren
21. März–5. Oktober Klock 10–6, vun Klock 11 an alle halbe
Stünn.
In'n Winter: Klock ½ 11, 12.00, ½ 2, 3
Tel.: (0 40) 3 57 44-0
(www.alstertouristik.de)
Affohrt: Anlegger Jungfernstieg
Pries bi 10 €

Törns to Foot

Dor kriggst du natüürlich mehr bi to weten un dat geiht ok kommodiger vöran.

Stadtreisen Hamburg e.V. mookt en ganze Reeg ünnerscheedliche Törns op Düütsch. De Törns duert 2 Stünnen un köst twüschen 6 un 7 €.
Binnenstadt, St. Pauli, Spiekerstadt & Hobencity
Binnenstadt: Sünnobend Klock 3, Sünndag Klock 11, Ingang Roothuus
Speicherstadt & Hafencity: Mittweken Klock 3, Sünndag Klock 11. Drepen: Deichstraße Ecke Steintwiete

Hamburger Gästeführer Verein e.V.,
Hagedornstraße 17
20149 Hamburg
Tel.: (07 00) 21 44 21 44
Fax: (07 00) 21 55 21 55
(www.hamburger-gaestefuehrer.de)

Nachtwächter in de Spiekerstadt:
Volker Roggenkamp
Martin-Luther-Straße 1
20459 Hamburg-Neustadt
Tel.: (0 40) 36 62 69
(www.hamburger-nachtwaechter.de)

Mehr steiht in't Internet ünner: „Stadtrundgang Hamburg"

HIER SNACKT SE PLATT!

Plattdüütsche Root för Hamborg
Heinrich Meyer
Kirchwerder Elbdeich 15
21037 Hamburg
Tel.: (0 40) 79 31 23 45
Fax: (0 40) 79 31 23 32
www.plattdeutschinhamburg.de

Plattdüütsch in Hamborg e.V.
Uwe Hansen
Fockweg 19
21129 Hamburg
Tel.: (0 40) 30 89 15 84
E-Mail: uhansenfkw@aol.com

Platt in't Radio
(up düsse List sünd blots de Hamborger Programme mit op.
Dat ganze plattdüütsche Programm gifft dat ünner:
www1.ndr.de/kultur/plattdeutsch/programm)

NDR-Hamburgwelle 90,3
Moondag–Sünnobend:
Klock ½ 9: Plattdüütsche Norichten
Klock 9.50: Platt för Anfänger
Klock 10.40: Hör mol'n beten to
Sünndag:
Klock 8.20: Wi snackt Platt
Jeden tweten Sünndag:
Klock 20.05: Dat plattdüütsche Hörspeel

Hamburger Lokalradio
(96,0, Kabel 95,45 MHz)
Jeden tweten Sünndag in'n Moond:
Klock 12–13.40 Plattdüütsch

Adressen

Tourist-Informatschoon
Hauptbahnhof
Hauptausgang Kirchenallee
Moondag–Freedag Klock 8–9 an'n Obend
Sünndag un Fierdag Klock 10–6

St. Pauli Lannungsbrücken
twüschen Brüch 4 un 5
April–Oktober: jeden Dag Klock 8–6
November–März: jeden Dag Klock 10–6
Tel.: (0 40) 30 05 13 00

Universität Hamburg
Institut für Germanistik I
Abt. Niederdeutsche Sprache und Literatur
Von-Melle-Park 6
20146 Hamburg
E-Mail: Niederdeutsch@uni-hamburg.de
(www.uni-hamburg.de)

Ohnsorg-Theater
Große Bleichen 23–25
20354 Hamburg
Tel.: (0 40) 3 50 80 30
Fax: (0 40) 35 08 03 43
E-Mail: info@ohnsorg.de
(www.ohnsorg.de)

Niederdeutsche Bibliothek
Peterstraße 36
20355 Hamburg
Telefon: (0 40) 34 08 23
Fax: (0 40) 35 16 69
E-Mail: bibliothek@carltoepferstiftung.de
(www.carltoepferstiftung.de)

Quickborn. Vereinigung für niederdeutsche Sprache
und Literatur e.V.
Am Langberg 51
21033 Hamburg
Tel.: (0 40) 7 39 04 16
E-Mail: info@quickborn-ev.de
(www.quickborn-ev.de)

Plattdüütsch leevt
Vereen för Heimat- un Moderspraak von 1975 e. V.
Günter Nebbe
Luhering 26
21147 Hamburg
Tel./Fax: (0 40) 7 96 34 91
E-Mail: info@plattduetsch-leevt.de
(www.plattduetsch-leevt.de)

Institut für Niederdeutsche Sprache
Schnoor 41–43
28195 Bremen
Tel.: (04 21) 32 45 35
Fax: (04 21) 3 37 98 58
E-Mail: ins@ins-bremen.de
(www.ins-bremen.de)
To düsse Tieden is een dor:
Moondag–Dunnersdag Klock 9–4
Freedag Klock 9–3

Törns op Platt

Up Platt dör de Stadt.

En plattdüütschen Törn dör de Hamborger Binnenstadt.
Vun't Roothuus no de Spiekerstadt.
Wo de Möwen schreet. En Törn langs dat Woter. Vun de Lan-
nungsbrücken bit no de Hobencity.
Plattbuero:
Thorsten Börnsen
Otzenstraße 7
22767 Hamburg
Tel.: (0 40) 21 97 88 82
(www.plattbuero.de)

Stattreisen Hamburg e.V.
Kuhberg 2
20459 Hamburg
Tel.: (0 40) 4 30 34 81
(www.stattreisen-hamburg.de)
Ok hier gifft dat egoolweg plattdüütsche Törns. Dat steiht
allens in den Prospekt binnen.

In't Internet

En Barg Nee'es un Informatschonen rund üm Platt gifft dat
op www.plattnet.de

Ut de velen Angeboten hebbt wi hier jümmers blots en lüt-
te Utwohl rutsöcht. Kiekt Se ok sülbst no, to'n Bispill in't
Internet.

Roothuus

Rathausmarkt
20095 Hamburg
Tel.: (0 40) 4 28 31 20 64
(www.rathaus.hamburg.de)
Föhrungen dör dat Roothuus op Düütsch gifft dat alle halve
Stünn: Moondag–Donnersdag Klock 10–3, Freedag Klock
10–1, Sünnobend Klock 10–5, Sünndag Klock 10–4.
En Roothuus-Tour op Platt is jüst in Arbeit. Kiekt Se sik de
Hompage an, höört Se de „Info-Ansage" dör oder froogt Se
no bi den Info-Schalter in de Deel vun't Roothuus.
Wohrschau: Wegen de Amtsgeschäften gifft dat nich jeden
Dag Föhrungen. De Termine stoht op de Website, un de
gifft dat bi de „Info-Ansage": (0 40) 4 28 31 24 70.

Museen

In düsse List hebbt wi meist blots Museen un Sammlungen
opnohmen, de in de Binnenstadt sünd, denn hier gellt jo de
Stadtföhrer.

Kunsthalle Hamburg
Glockengießerwall 1
20095 Hamburg
Tel.: (0 40) 4 28 13 12 00
(www.hamburger-kunsthalle.de)
Dat Huus is open jeden Deensdag–Sünndag Klock 10–6,
an'n Dunnersdag länger: Klock 10–9

Museum für Völkerkunde Hamburg
Rothenbaumchaussee 64
20148 Hamburg
Tel.: (01 80) 5 30 88 88
E-Mail: marketing@voelkerkundemuseum.com
(www.voelkerkundemuseum.com)
Rinkomen kann een: Deensdag–Sünndag Klock 10–6,
an'n Dunnersdag länger: Klock 10–9

Hamburg-Museum
Holstenwall 24
20355 Hamburg
Tel.: (0 40) 42 81 32 23 80
(www.hamburg-museum.de)
Rinkomen kann een: Deensdag–Sünnobend Klock 10–5,
Sünndag Klock 10–6

Bucerius Kunst Forum
Rathausmarkt 2
20095 Hamburg
Tel.: (0 40) 3 60 99 60
Fax: (0 40) 36 09 96 36
(www.buceriuskunstforum.de)
Rinkomen kann een jeden Dag (ok an'n Moondag)
Klock 11–7, an'n Donnersdag bit Klock 9

Museum für Kunst und Gewerbe
Steintorplatz 1
20099 Hamburg
Tel.: (0 40) 42 81 34 27 32
E-Mail: service@mkg-hamburg.de
(www.mkg-hamburg.de)
Open is dat Huus:
Deensdag–Sünndag Klock 10–6, Dunnersdag Klock 10–9

Deichtorhallen
Deichtorstraße 1–2
20095 Hamburg
Tel.: (0 40) 32 10 30
(www.deichtorhallen.de)
Open is dat Huus, wenn en Utstellung is:
Deensdag–Sünndag, Klock 11–6

Museum für Kommunikation
Gorch-Fock-Wall 1
20354 Hamburg
Tel.: (0 40) 4 03 57 63 60
(www.museumsstiftung.de/hamburg/)
Dat Huus is open: Deensdag–Freedag Klock 9–5,
Sünnobend, Sünndag un Fierdag Klock 10–6

Abwasser- und Sielmuseum
Bei den St. Pauli-Landungsbrücken 49
20359 Hamburg
Tel.: (0 40) 78 88 24 83
E-Mail: pr@hamburgwasser.de
(www.hamburgwasser.de)
Ankieken geiht blots mit Föhrung, wenn een sik vörher över
Telefon anmellt hett:
Deensdag un Dunnersdag Klock 10, 12 un 2,
Mittweken Klock ½ 10.
Mittweken Klock 4 un Sünndag Klock 2 blots för enkel-
te Personen un lütte Gruppen, wenn tominnst 10 Lüüd
tohoopkoomt.
Kösten deit dat nix.

Panoptikum Das Wachsfigurenkabinett
Spielbudenplatz 3
20359 Hamburg
Tel.: (0 40) 31 03 17
(www.panoptikum.de)
Rin geiht dat:
Moondag–Freedag Klock 11–9, Sünnobend Klock 11–12 in
de Nacht, Sünndag Klock 10–9

In de Spiekerstadt
Speicherstadtmuseum
St.-Annen-Ufer 2
20457 Hamburg
Tel.: (0 40) 32 11 91
E-Mail: info@speicherstadtmuseum.de
(www.speicherstadtmuseum.de)
Open is dat Huus:
April–Oktober: Deensdag–Freedag Klock 10–5,
Sünnobend, Sünndag un Fierdag Klock 10–6
November–März: Deensdag–Sünndag Klock 10–5

Spicy's Gewürzmuseum
Am Sandtorkai 32
20457 Hamburg
Tel.: (0 40) 36 79 89
E-Mail: mail@spicys.de
(www.spicys.de)
Open is dat Huus: Deensdag–Sünndag, Klock 10–5

Afghanisches Museum
Am Sandtorkai 32/1
20457 Hamburg
Tel.: (0 40) 37 82 36
Fax: (0 40) 37 51 95 38
(www.afghanisches-museum.de)
Open is dat Huus: jeden Dag Klock 10–5

Hamburg Dungeon
Kehrwieder 2 Block D
20457 Hamburg
Tel.: (0 40) 36 00 55 20
(www.hamburgdungeon.com)
Open is dat Huus: September–Mai Klock 11–6,
Juni–August Klock 10–6

Miniatur Wunderland Hamburg
Kehrwieder 2 Block D
20457 Hamburg
Tel.: (0 40) 30 06 80-0
(www.miniatur-wunderland.de)
Open is dat Huus: Moondag, Mittweken, Dunnersdag Klock
½ 10–6, Deensdag Klock ½ 10–9, Freedag Klock ½ 10–7,
Sünnobend Klock 8–9 an'n Obend, Sünn- un Fierdag Klock
½ 9–8

HafenCity Infocenter
Am Sandtorkai 30
20457 Hamburg
(www.hafencity.com)
Tel.: (0 40) 3 74 72 60
Fax: (0 40) 3 74 72 66
E-Mail: info@hafencity.com

Open is dat Huus: Oktober–April: Deensdag–Sünndag,
Klock 10–6, Moondag dicht,
Mai–September jeden Dunnersdag: Klock 10–8
Ringohn köst nix

Deutsches Zollmuseum
Alter Wandrahm 16
20457 Hamburg
Tel.: (0 40) 30 08 76 11
(www.museum.zoll-d.de)

Museumsscheep
Cap San Diego
Überseebrücke
20459 Hamburg
Tel.: (0 40) 36 42 09
E-Mail: info@capsandiego.de
(www.capsandiego.de)
Up dat Schipp kann een rup: jeden Dag Klock 10–6

Rickmer Rickmers
St. Pauli Landungsbrücke 1a
20359 Hamburg
Tel.: (0 40) 3 19 59 59
E-Mail: info@rickmer-rickmers.de
(www.rickmer-rickmers.de)
Up dat Schipp kann een rup: jeden Dag Klock 10–6

Karken

Hauptkirche St. Katharinen
Katharinenkirchhof 1
20457 Hamburg
Tel.: (0 40) 30 37 47 30
(www.katharinen-hamburg.de)
De Dören sünd open: Moondag–Freedag Klock 10–5,
Sünnobend un Sünndag Klock 10–6

Hauptkirche St. Jacobi
Jakobikirchhof 22
20095 Hamburg
Tel.: (0 40) 3 03 73 70
(www.jacobus.de)
De Dören sünd open: Moondag–Sünnobend Klock 10–5

Hauptkirche St. Petri
Speersort 10
20095 Hamburg
Tel.: (0 40) 32 57 40-0
(www.sankt-petri.de)
De Dören sünd open: Moondag–Dunnersdag Klock 10–½ 7,
Mittweken Klock 10–7, Sünnobend Klock 10–5,
Sünndag Klock 9–9 an'n Obend

Hauptkirche St. Michaelis
Englische Planke 1a
20459 Hamburg
Tel.: (0 40) 37 67 81 00
(www.st-michaelis.de)

Up den Torn kann een rup: Mai–Oktober: jeden Dag Klock 9–8, de Letzten koomt bit ½ 8 rin
November–April: jeden Dag Klock 10–6, de Letzten koomt bit ½ 7 rin
De Kark is open: Mai–Oktober: jeden Dag Klock 9–8,
November–April: jeden Dag Klock 10–6, Sünndag vun ½ 12

Mahnmal St. Nikolai
Willy-Brandt-Straße 60
20457 Hamburg
Dokumentationszentrum:
Tel.: (0 40) 37 11 25
(www.mahnmal-st-nikolai.de)
Rin kann een: Moondag–Freedag Klock ½ 11–½ 7,
Sünnobend Klock 10–½ 7

Friedhof Ohlsdorf
Fuhlsbüttler Straße 756
22337 Hamburg
Tel.: (0 40) 5 93 88-0
(www.ohlsdorf.de)
De Dören sünd open: April–Oktober Klock 8–9 an'n Obend,
November–März Klock 8–6
S- un U-Bahn Ohlsdorf

 **De Tieden un Stünnen, wann wat open is, meent ümmer de Klockstiet an'n Dag. Nachts sünd de Schotten dicht.**

Lütt beten wat to'n Lesen

Eva Gerberding und Anette Maria Rupprecht: DuMont Reiseführer Hamburg. 3. akt. Aufl., Köln 2007.

Reinhard Goltz: Von Blubberbüxen, Landhaien und Troonbüdels. Das Schimpfwörterbuch für Hamburger. Leer 1995.

Ronald Gutberlet: Fernweh. Von den Landungsbrücken in die Welt. Hamburg/Wien 2000.

Beate Hennig und Jürgen Meier: Kleines Hamburgisches Wörterbuch: Hochdeutsch – Plattdeutsch. Neumünster 2006.

Der neue Sass: Plattdeutsches Wörterbuch. Plattdeutsch – Hochdeutsch, Hochdeutsch – Plattdeutsch, Plattdeutsche Rechtschreibung, neu bear. v. Heinrich Kahl und Heinrich Thies. Neumünster 2002.

Werner Skrentny: 21 Stadtteilrundgänge durch Geschichte und Gegenwart. Hamburg 2006.

Daniel Tilgner: Lexikon Hamburger Begriffe. Hamburg 2004.

Erik Verg und Martin Verg: Das Abenteuer, das Hamburg heißt. Der weite Weg zur Weltstadt. Hamburg 2007.